essentials

Essentials liefern aktuelles Wissen in konzentrierter Form. Die Essenz dessen, worauf es als „State-of-the-Art" in der gegenwärtigen Fachdiskussion oder in der Praxis ankommt. Essentials informieren schnell, unkompliziert und verständlich

- als Einführung in ein aktuelles Thema aus Ihrem Fachgebiet
- als Einstieg in ein für Sie noch unbekanntes Themenfeld
- als Einblick, um zum Thema mitreden zu können.

Die Bücher in elektronischer und gedruckter Form bringen das Expertenwissen von Springer-Fachautoren kompakt zur Darstellung. Sie sind besonders für die Nutzung als eBook auf Tablet-PCs, eBook-Readern und Smartphones geeignet.

Essentials: Wissensbausteine aus den Wirtschafts, Sozial- und Geisteswissenschaften, aus Technik und Naturwissenschaften sowie aus Medizin, Psychologie und Gesundheitsberufen. Von renommierten Autoren aller Springer-Verlagsmarken.

Social Workplace Learning

John Erpenbeck · Simon Sauter
Werner Sauter

Social Workplace Learning

Kompetenzentwicklung im
Arbeitsprozess und im Netz
in der Enterprise 2.0

Prof. Dr. John Erpenbeck
Steinbeis Universität Berlin
Berlin
Deutschland

Prof. Dr. Werner Sauter
Blended Solutions GmbH
Berlin
Deutschland

Simon Sauter
Blended Solutions GmbH
Berlin
Deutschland

ISSN 2197-6708
essentials
ISBN 978-3-658-10498-6
DOI 10.1007/978-3-658-10499-3

ISSN 2197-6716 (electronic)

ISBN 978-3-658-10499-3 (eBook)

Die Deutsche Nationalbibliothek verzeichnet diese Publikation in der Deutschen Nationalbibliografie; detaillierte bibliografische Daten sind im Internet über http://dnb.d-nb.de abrufbar.

Springer Gabler
© Springer Fachmedien Wiesbaden 2016

Gedruckt auf säurefreiem und chlorfrei gebleichtem Papier

Springer Fachmedien Wiesbaden ist Teil der Fachverlagsgruppe Springer Science+Business Media
(www.springer.com)

Arbeiten und Lernen wachsen wieder zusammen

Wer den Weg vom trägen Wissen zum kompetenten Handeln erfolgreich zurück legen will, sollte nicht auf Pfingstwunder hoffen, sondern auf der Basis klarer innerer Bilder, sozialer Unterstützung und festen Vorsätzen über längere Zeit an sich arbeiten. Handeln kann man nur handelnd erlernen!
Diethelm Wahl (http://www.prof-diethelm-wahl.de)

Die überwiegende Mehrheit der Entwicklungsprogramme in Unternehmen basiert nach wie vor auf Seminarreihen, in denen viel Wissen dargeboten und in Fallstudien, Rollenspielen oder anderen Übungen angeblich gefestigt wird.[1] Es ist eines der größten Probleme von seminaristischen Fach- und Führungstrainings, dass viele Informationen dargeboten und kaum Kompetenzen entwickelt werden. Kompetenzentwicklung setzt aber voraus, dass die Lerner in realen Entscheidungssituationen in ihrem Arbeitsprozess oder in Projekten Widersprüche, Konflikte oder Verunsicherungen schöpferisch verarbeiten und so zu neuen Emotionen und Motivationen gelangen.

Kompetenzen werden zu zentralen Zielen von Lernprozessen, die am Workplace, im Prozess der Arbeit, in Projekten und im Netz, stattfinden.

Der betriebliche Bildungsbereich erhält damit die Aufgabe, zukünftig Lernsysteme zu entwickeln und Rahmenbedingungen zu schaffen, die es den Mitarbeitern[2] und Führungskräften ermöglichen, ihre individuellen Kompetenzentwicklungsprozesse optimal selbstorganisiert zu gestalten. In einem Konzept des Workplace Learnings verändern sich die Rollen der Beteiligten und damit auch der didaktisch-methodische Entwicklungsprozess grundlegend.

---

[1] Vgl. beispielhaft Hausdorf und Polzer (2004).

[2] Aus Gründen der besseren Verständlichkeit benutzen wir jeweils nur die männliche grammatikalische Form. Gemeint sind dabei jedoch immer weibliche und männliche Personen.

Die bisherige Personalentwicklung mit ihrer Konzentration auf formelles Lernen wandelt sich zum *Kompetenzmanagement*, das selbstorganisierte Lernprozesse der Mitarbeiter ermöglicht. Die wesentliche Aufgabe des Kompetenzmanagements besteht darin, aus der Unternehmensstrategie und dem Werterahmen einen *Ermöglichungsrahmen* zu entwickeln und laufend zu optimieren, der individuelle Kompetenzentwicklungsprozesse im Prozess der Arbeit ermöglicht. Dies bedeutet, dass die Lerner ihre didaktisch-methodische Entwicklungsplanung in diesem Rahmen selbst verantworten.

In dieser kompetenzorientierten Ermöglichungsdidaktik fließen Handeln in der Praxis und Lernen wieder zusammen. Die Arbeits- und damit die Handlungsprozesse selbst werden zum wichtigsten Lernort, das Lernen entwickelt sich zum Workplace Learning.

Da die meisten Mitarbeiter und Führungskräfte aus einer Lernkultur kommen, die primär fremdorganisiert geprägt ist, schlagen wir vor, den Weg zur systematischen Kompetenzentwicklung im Prozess der Arbeit zweistufig anzugehen:

1. Im Rahmen eines *Blended-Learning-Arrangements*, das den Mitarbeitern wie gewohnt eine klare Struktur und Orientierung gibt, bearbeitet jeder Lerner sein persönliches, *herausforderndes Praxisprojekt*. In diesem begrenzten Rahmen kann er seinen individuellen Kompetenzentwicklungsprozess selbstorganisiert planen und umsetzen. Dabei baut er seine Kompetenz zur Selbstorganisation und seine Methoden- und Medienkompetenz in einem gemeinsamen Prozess mit seinen Lernpartnern und Lernbegleitern auf.

2. Hat sich die Lernkultur der Selbstorganisation und des Social Learnings durchgesetzt, kann das Lernsystem in Richtung eines *Social-Workplace-Learning*-Modells geöffnet werden. Der Lerner nutzt dann im Rahmen seiner individuellen Planung nach Bedarf, d. h. dann, wenn er eine Herausforderung in der Praxis zu bewältigen hat, die Angebote zum Wissensaufbau und zur Qualifizierung, die ihm im Lernrahmen zur Verfügung gestellt werden. Er tauscht dabei Erfahrungswissen in Communities aus und holt sich regelmäßig Feedback. Die Verantwortung für den persönlichen Lernprozess geht voll auf den Lerner über, der sich mit seiner Führungskraft und seinem Lernbegleiter abstimmt. Dabei nutzt er den Lernrahmen, den das Kompetenzmanagement zur Verfügung stellt.

In einzelnen Projekten[3] haben wir Curriculums-orientierte Blended-Learning-Arrangements um individuelle Kompetenzziele der Lerner erweitert, indem kompetenzorientiertes Lernen über die Vereinbarung von begleitenden, herausfordernden

---

[3] Z. B. bei der Siemens AG oder bei IBM.

Praxisprojekten ermöglicht wurde.[4]

Dadurch entstehen hybride Lernkonzeptionen. Die grundlegende Methodik für den Qualifizierungsprozess wird in dieser Lernkonzeption weiterhin vom Trainer bzw. E-Tutor vorgegeben. Die Lerner können nunmehr jedoch im Rahmen Ihrer Praxisprojekte selbstorganisiert lernen, d. h., sie bestimmen in diesem begrenzten Bereich nicht nur die Vorgehensweise, sondern auch die Kompetenzziele. Der Lernerfolg wird im formellen Bereich häufig weiterhin über Prüfungen, aber immer mehr über den konkreten Projekterfolg ermittelt.

Im Laufe der Zeit werden die Lerner immer mehr dazu übergehen, diesen Lernrahmen und ihr Netzwerk auch dann zu nutzen, wenn sie Herausforderungen im Prozess der Arbeit zu bewältigen haben. Die praxis-projektorientierte Kompetenzentwicklung wandelt sich zum Social Workplace Learning. Es wird nicht mehr dann gelernt, wenn ein Seminar oder eine E-Learning-Maßnahme angeboten wird, sondern wenn im Arbeitsprozess Problemstellungen zu bewältigen sind.

Arbeiten und Lernen wachsen wieder zusammen.

Da die Kompetenzentwicklung nur selbstorganisiert durch die Lerner erfolgen kann, benötigen wir eine *„Ermöglichungsdidaktik"*, wie sie von Rolf Arnold[5] beschrieben wurde. In dieser Lernkultur, die durch einen hohen Grad an Eigenverantwortung gekennzeichnet ist, bietet es sich wiederum an, auch den Wissensaufbau in die Selbstorganisation der Lerner und ihres Lern-Netzwerks zu legen. Damit gewinnen neue Medien und Social Software, aber auch Soziale Lernplattformen an Bedeutung. Diese netzbasierten *„Ermöglichungsrahmen"* dienen als Arbeits- und Lernräume, die immer mehr zusammenwachsen.

Im Rahmen dieses didaktisch-methodischen Ansatzes erarbeiten wir praxiserprobte Lösungskonzepte und Entscheidungshilfen für die Entwicklung und Einführung zukunftsorientierter Lernsysteme mit dem Ziel, eine Kultur kollaborativen Arbeitens und Lernens am „Workplace" zu initiieren. [6]

Berlin   John Erpenbeck
im April 2015   Simon Sauter
                                                 Werner Sauter

---

[4] Vgl. u. a. Erpenbeck und Sauter (2007).

[5] Vgl. Arnold (2000).

[6] Vgl. im Folgenden Sauter und Sauter (2014).

Inhaltsverzeichnis

Ermöglichungsdidaktik 1

> I never teach my students. I only provide the conditions in which they can learn.
> Albert Einstein (Zitiert nach Cross (2010, S. 42))

Eine strenge Kausalität zwischen Lehren und Lernen kann nicht aufrechterhalten werden.[1] Es ist vielmehr ein Lernen erforderlich, das als selbstorganisierter, konstruktivistischer Aneignungsprozess verstanden wird, also nicht als Aufnahme belehrender, de facto nicht möglicher Wissensvermittlung.[2]

Ermöglichungsdidaktik hat zum Ziel, den Lernenden alles an die Hand zu geben, damit sie ihre Lernprozesse problemorientiert und selbstorganisiert gestalten können.

Die Ermöglichungsdidaktik ist die pragmatische Antwort auf die wirtschafts- und bildungspolitisch propagierte Forderung nach *„Lebenslangem Lernen"*. Wie ein Lernarrangement auf einen Lernenden wirkt, wie er den Input aufnimmt und interpretiert, wie er verarbeitet, was er wahrgenommen hat, und wie viel er davon später, wenn er sein Wissen anwenden möchte, überhaupt noch zur Verfügung hat, kann nicht geplant werden.[3] Deshalb können Wissen und Kompetenzen nicht vermittelt werden. Es wird nicht mehr der Anspruch erhoben, man könne Lernprozesse direkt beeinflussen.[4] Auch widerspricht diese „Erzeugungsdidaktik" dem Menschenbild, das im Kontext des Social Business zunehmend gefordert wird.

---

[1] Vgl. Schüßler (2007).

[2] Vgl. Arnold (2000, 2013).

[3] Vgl. dazu im Folgenden Schüßler (2007).

[4] Wahl (2006, S. 206).

© Springer Fachmedien Wiesbaden 2016
J. Erpenbeck et al., *Social Workplace Learning*, essentials,
DOI 10.1007/978-3-658-10499-3_1

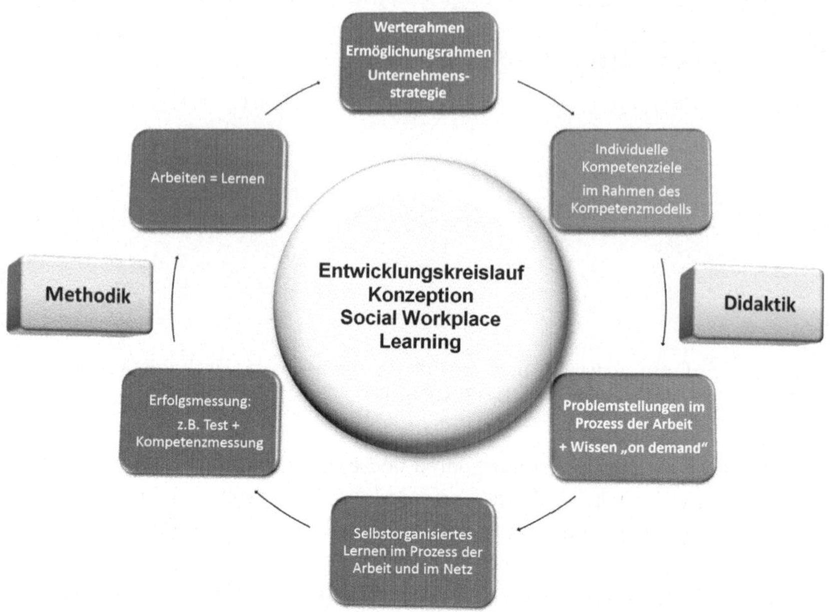

Abb. 1.1 Didaktisch-methodischer Entwicklungskreislauf Workplace Learning

Die Lernsituation sollte deshalb nicht vom Inhalt, sondern aus dem Fokus des Lernenden als Lernrahmen gestaltet werden.[5] Daraus leitet sich der in Abb. 1.1 dargestellte didaktisch-methodische Entwicklungsprozess ab, der durch die Lerner innerhalb dieses Lernrahmens weitgehend selbst gestaltet wird.

Der Ermöglichungsrahmen ist ein planvoll hergestelltes Lernarrangement, das didaktische, methodische, materielle und mediale Aspekte so anordnet, dass die Wahrscheinlichkeit für die angestrebten Lernprozesse möglichst hoch wird.[6]

Die Lernplaner konzentrieren sich nicht mehr auf die detaillierte Planung eines gemeinsamen Lehr-/Lernprozesses (Planungsfixierung), sondern auf die Aneignung von Wissen und Kompetenzen in individuellen, selbstorganisierten Lernprozessen (Realisierungsfixierung). In diesem systemischen Ansatz wird der Lerner als Ganzes gesehen und es werden sein Umfeld und seine individuellen Bedürfnisse, die immer eng mit den emotionalen Strukturen verknüpft sind, berücksichtigt. Der Lernbegleiter schafft die Bedingungen für die Selbstorganisation der Lernen-

---

[5] Vgl. Arnold (2000), Wahl (2006).

[6] Wahl (2006, S. 206).

den und ermöglicht damit Prozesse der selbsttätigen und selbständigen Wissenserschließung und Wissensaneignung.[7]

Es reicht danach nicht aus, teilnehmerorientierte, kooperative Lernphasen in den Unterricht zu integrieren. Die Lerner müssen vielmehr die Freiheit erhalten, ihre individuellen Lernprozesse, ausgerichtet auf ihre Herausforderungen in der Praxis, in einem Ermöglichungsrahmen selbstorganisiert zu gestalten.

Der Lerner wird vom Objekt zum Subjekt seines Lernens. Er erhält deshalb vielfältige Angebote, die es ihm ermöglichen, sein Wissen selbstorganisiert aufzubauen und zu sichern und bei der Bewältigung herausfordernder Aufgaben seine Kompetenzen zu entwickeln. Die Lerner müssen deshalb eine hohe Methoden-, Medien-, Selbstorganisations- und Selbstlernkompetenz entwickeln. Aus dem bisherigen „Lehrer" wird der „Lernbegleiter", der als Bildungsberater und Lerncoach die individuellen Lernprozesse ermöglicht und unterstützt.

Im Rahmen der betrieblichen Bildung sind hierbei vor allem folgende Handlungsbereiche zu gestalten:[8]

- Selbstorganisierter Aufbau von Wissen, z. B. mit E-Learning
- Kompetenzentwicklung im Rahmen von realen, herausfordernden Praxisprojekten oder im Prozess der Arbeit
- Social Learning, d. h. Reflexion des Erfahrungswissens mit Lernpartnern im Netzwerk
- To know how to know: Entwicklung reflexiven Wissens

Reflexives Wissen umfasst dabei die in Abb. 1.2 dargestellten Bereiche.

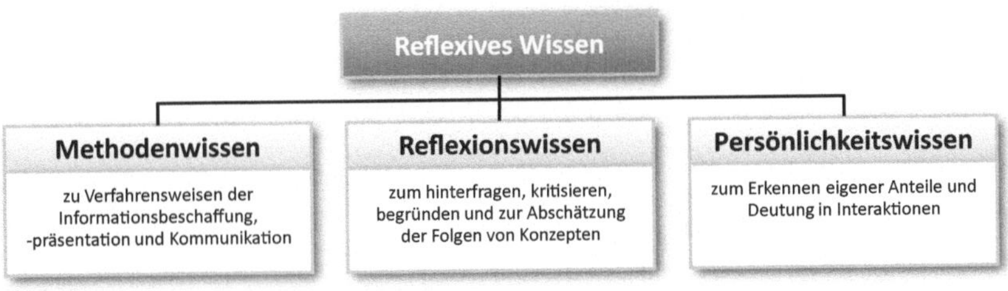

Abb. 1.2 Reflexives Wissen

---

[7] Siebert (3. überarb. Aufl., 2011, S. 90).

[8] Vgl. Arnold und Schüßler (2010, S. 76 ff.).

Ermöglichungsrahmen 2

Die Ermöglichungsdidaktik hat zum Ziel, Möglichkeiten des selbstorganisierten Lernens mit den institutionellen und organisatorischen Rahmenbedingungen der Unternehmung zu verknüpfen. Dadurch entsteht ein lernförderndes Umfeld mit einer Vielzahl von Ansätzen, individuelle Lernprozesse selbstorganisiert zu gestalten. Die Lernplaner und -begleiter schaffen ein emotional positives Umfeld für individuelle, selbstorganisierte Lernprozesse, regen die Lerner zur Reflexion über ihre individuellen Lernzeile an und ermutigen sie, ihre Ziele umzusetzen. Dabei unterstützen sie die Lerner als Coach oder Mentor.

Für diese selbstorganisierten Lernprozesse ist ein *Ermöglichungsrahmen* erforderlich, der sich an der Grundidee von cMOOC[1] orientiert und insbesondere die in Abb. 2.1 dargestellten Elemente enthält.

Die vier Rahmenbereiche dieses Lernsystems sind durch folgende Merkmale gekennzeichnet:

- *Kommunikation:* Die *Soziale Lernplattform* bietet jedem Mitarbeiter über sein *E-Portfolio* einen persönlichen Zugang zum Sozialen Netzwerk der Unternehmung. Das System schafft die Möglichkeit, auch im Netz kollaborativ herausfordernde Problemstellungen aus dem Prozess der Führung kollaborativ zu

---

[1] *Massive Open Online Courses (MOOC)* sind im Netz angebotene Kurse („online") mit Open Resources und einer teilweise sehr großen Teilnehmerzahl („massive"), die jedem Lerner ohne Kosten offenstehen und im Netz stattfinden. *cMOOC (connectivist MOOC)* sind relativ offen und frei im Sinne virtueller Workshops oder Barcamps gestaltet, in denen die Teilnehmer gemeinsam aktiv Wissen erarbeiten.

© Springer Fachmedien Wiesbaden 2016
J. Erpenbeck et al., *Social Workplace Learning,* essentials,
DOI 10.1007/978-3-658-10499-3_2

Abb. 2.1 Ermöglichungsrahmen für Social Workplace Learning

bearbeiten. Dabei nutzen die Mitarbeiter u. a. Workpads[2], Foren, Chats, Blogs, Wikis, Reflexions-Tools oder Instant Messenger. In Virtual Classrooms oder Webinaren können sie sich mit Lernpartnern und Experten unabhängig von ihrem Aufenthaltsort austauschen. Zu einzelnen Themenbereichen oder Kompetenzprofilen werden im Unternehmen spezifische Soziale Netzwerke angeboten. So gibt es z. B. Netzwerke für Mitarbeiter im Rechnungswesen, Vertriebsmitarbeiter, Führungsnachwuchskräfte oder für obere Führungskräfte. Daneben können die Lerner auch Mitglieder in unternehmensübergreifenden Netzwerken, z. B. mit Fachkollegen, Lieferanten, Behördenvertretern oder Kunden sein, um ihren Horizont zu erweitern.

Die Lerner bauen mit ihrem *E-Portfolio* einen eigenen Lernbereich auf, den sie selbst im Hinblick auf die Tools, die Inhalte und die Zugangsmöglichkeiten für Lernpartner gestalten können. Dadurch entwickelt sich im Laufe der Zeit eine persönliche Lernlandschaft, ein *PLE – Personal Learning Environment*. Der

---

[2] Datenbankgestütztes Tool, das es ermöglicht, alle Formen von Dokumenten und deren Inhalte gemeinsam zu bearbeiten, zu archivieren, zu verwalten und zu taggen, d. h. zu indizieren oder zu verschlagworten.

Mitarbeiter plant auf dieser Grundlage seine Lernprozesse eigenverantwortlich, meist mit Unterstützung der Lernpartner oder seiner Führungskraft. Bei Bedarf kann er die *Lernberatung von Lernbegleitern* aus dem Kompetenzmanagement in Anspruch nehmen. Die Experten des Kompetenzmanagements initiieren und moderieren die notwendigen Veränderungsprozesse zur Einführung der Lernsysteme und beraten die Teilnehmer und deren Führungskräfte, aber auch Lerngruppen in ihren selbstorganisierten Lernprozessen. Diese Experten weisen eine hohe didaktisch-methodische Kompetenz auf und besitzen umfangreiche Erfahrungen im Bereich selbstorganisierter und netzbasierter Lernsysteme.

- *Lerninhalte und Dokumentation:* Das Lernsystem bietet eine breite Palette an Lerninhalten und Dokumentationsmöglichkeiten:
  - *Formelle Lerninhalte:* Die Lerner können auf vielfältige, didaktisch-methodisch aufbereitete Lerninhalte zugreifen, von *Web Based Trainings, Videos, Podcasts* über *Printmedien* und *E-Books, Serious Games* bis zu Transfer- und Projektaufgaben.
  - *Informelle Lerninhalte:* Das Erfahrungswissen der Lerner wird im Rahmen des *kompetenzorientierten Wissensmanagements* mithilfe von Lerntagebüchern (Blogs) oder gemeinsamen Arbeitsergebnissen (Wikis) systematisch erfasst, so dass es bei späteren Problemlösungen wieder gezielt genutzt werden kann. Weiter ist es möglich, bei Bedarf mögliche Lernpartner und Experten zu identifizieren, die bei aktuellen Problemlösungen mit einbezogen werden können.
  - *Aktuelle Informationen:* Über Informationsquellen im Intranet der Unternehmung sowie im Internet wird sichergestellt, dass die Lerner über relevante, aktuelle Entwicklungen zeitnah informiert werden.
  - *Workpad (Dokumentenmanagement): Dieses meist datenbankgestützte Tool* ermöglicht es, alle Formen von Dokumenten und deren Inhalte gemeinsam zu bearbeiten, zu archivieren, zu verwalten und zu taggen, d. h. zu indizieren oder zu verschlagworten. Über die Soziale Lernplattform ist es möglich, kollaborativ mittels Workflow Erfahrungen und Wissen in verschiedenen Formaten zu dokumentieren und auszutauschen. Selbstlernende Systeme mit Volltextsuche, Ähnlichkeitsvektoren oder neuronalen Netzen unterstützen schnelle und zielsichere Lösungen. Eine Versionenverwaltung hilft, die Änderungen an den Dokumenten und somit der gemeinschaftlich erstellten Informationen zu erfassen. Alle Versionen werden in einem Archiv mit dem Namen des Bearbeiters und einem Zeitstempel gespeichert. Somit können nicht nur die einzelnen Versionen immer wiederhergestellt, sondern auch die „Entwicklung" des Dokuments und dessen Inhalt nachvollzogen werden.

- *Open Educational Resources:* Die Lerner können ergänzend ausgewählte Lernmöglichkeiten im Internet nutzen. Das Kompetenzmanagement wird die Lerner dabei unterstützen, Ressourcen zu identifizieren, die einen Nutzen für innerbetriebliche Problemlösungen generieren können.
- *Rapid E-Learning:* Die Lerner können ihr Erfahrungswissen zu Lerninhalten aufbereiten, die von den Lernpartnern genutzt werden können. Damit erhält der Pool der Inhalte im Unternehmen einen dynamischen Charakter.

• *Laufende Rückmeldung:* Die Lerner können ihre Lernerdaten interpretieren, um Lernfortschritte zu messen, zukünftige Leistungen vorauszuberechnen und potenzielle Problembereiche aufzudecken. Diese Ergebnisse bilden die Grundlage für zielorientierte Führungsgespräche, in denen die Führungskraft dem Lerner eine Rückmeldung gibt und Vereinbarungen für die folgenden Lernprozesse trifft. Auf Basis eines an der Unternehmensstrategie und dem Werterahmen ausgerichteten Kompetenzmodells und der daraus abgeleiteten *Kompetenzprofile* kann der Lerner für seinen jeweiligen Aufgabenbereich seine persönlichen Entwicklungsmöglichkeiten im Bereich der *Kompetenzen ermitteln.*
• *Lernorganisation:* Die gesamte *Administration der individuellen Lernprozesse* liegt nun in der Verantwortung der Lerner. Deshalb bietet ihnen das Lernsystem mit dem Ermöglichungsrahmen die Möglichkeit, ihre Lernprozesse selbstorganisiert zu planen, zu gestalten und zu dokumentieren. Dabei ist das System so ausgerichtet, dass die Lerner ihre Lernprozesse direkt im Prozess der Arbeit *(Workplace Learning)* unabhängig von Ort und Zeit *(Mobile Learning)* und nach dem individuellen Bedarf *on demand (Micro Learning)* gestalten und steuern können.

Die Lernbegleiter, d. h. die bisherigen Trainer und Dozenten, können insbesondere in folgende Handlungsbereichen Lernprozesse ermöglichen:[3]

• *Kompetenzorientierung:* Vorhandene Kompetenzen bilden den Ausgangspunkt des Lernens mit dem Ziel, individuelle Kompetenzentwicklungsmöglichkeiten zu nutzen.
• *Eigenverantwortung der Lerner zulassen:* In regelmäßigen Reflexions- und Evaluationsphasen, z. B. auf Basis von Kompetenzmessungen, bestimmen die Lerner ihren aktuellen Stand und planen die weiteren Schritte in ihren Lernprozessen.
• *Positives Selbstkonzept der Lerner fördern:* Die Lerner erhalten die Möglichkeit, sukzessive mehr Verantwortung für ihren Lernprozess zu übernehmen. Dies kann insbesondere durch den Aufbau von Lernpartnerschaften und Netzwerken gefördert werden.

---

[3] Vgl. Schüßler (2007).

- *Soziale Einbindung:* Förderung von Lernpartnerschaften und des Lernens im Netz.
- *Offene Lernprozesse:* Innovative Lernformen, vielfältige Erprobungs- und Handlungsmöglichkeiten, z. B. in herausfordernden Praxisprojekten, integrierte Kompetenzentwicklung durch das Zusammenführen von Lernen und Arbeiten oder vielfältige Formen des Erfahrungsaustauschs und der Kommunikation.

Dieser Ansatz wird in den Diskussionen in den Unternehmen teilweise infrage gestellt, weil die Menschen mit dieser Konzeption und der damit verbundenen Selbstorganisation überfordert wären. Deswegen kommt der Gestaltung des Lernrahmens und der Lernbegleitung eine zentrale Bedeutung zu. Unsere Erfahrungen zeigen, dass die Mitarbeiter, vom Auszubildenden bis zur Führungskraft, sehr wohl in der Lage sind, ihre Lernprozesse individuell und selbstorganisiert zu gestalten, sofern sie in ein entsprechendes Lern-Netzwerk und eine Lern-Infrastruktur eingebettet sind. Deshalb ist eine Konzeption der Steuerung und Flankierung dieser Lernprozesse erforderlich.

Praxis-projektorientierte Kompetenzentwicklung mit Blended und Social Learning

3

In Blended-Learning-Konzepten, in denen neben dem Ziel des Wissensaufbaus und der Qualifizierung auch die Kompetenzentwicklung ermöglicht werden soll, können die Kompetenzentwicklungsansätze auf der Praxis-, der Coaching- und der Trainingsebene kombiniert werden.

Diese Blended-Learning-Arrangements weisen deshalb gegenüber den rein qualifikationsorientierten Ansätzen folgende zusätzliche Merkmale auf:

- Die Möglichkeiten und Ziele der individuellen Kompetenzentwicklung leiten sich aus einer vorangegangenen *systematischen Kompetenzerfassung* ab.
- Kompetenz wird dabei als die Fähigkeit aller Mitarbeiter gesehen, sich in offenen und unüberschaubaren, komplexen und dynamischen Situationen kreativ und selbstorganisiert zurechtzufinden; Kompetenzen werden als *Selbstorganisationsdispositionen* verstanden.
- Die Entwicklungskonzeption optimiert die Bedingungen der Möglichkeit dieser *Kompetenzentwicklung im Praxisprojekt und im Netz.*
- Die Lerner übernehmen die *Verantwortung für ihre Kompetenzentwicklung* und nutzen aktiv die Instrumente der Kompetenzentwicklung sowie ihr Netzwerk aus Lernpartnern, Lernbegleitern, Experten und Führungskräften auf der Basis ihrer E-Portfolios.
- Der *Wissensaufbau* und die *Qualifizierung* erfolgen nach einem vorgegebenen Curriculum selbstgesteuert in einem Blended-Learning-Ansatz auf der Grundlage von Web Based Trainings, Videos oder Podcasts. Wissen und Qualifikation sind dabei nicht das Ziel, sondern eine notwendige Voraussetzung für den umfassenden Prozess des Aufbaus von Kompetenzen.
- Der Entwicklungsprozess schließt *systematische Projektphasen* ein, die in reale Entscheidungssituationen und damit in echte Labilisierungsprozesse münden.

© Springer Fachmedien Wiesbaden 2016
J. Erpenbeck et al., *Social Workplace Learning,* essentials,
DOI 10.1007/978-3-658-10499-3_3

- *Erfahrungsaustausch* und *Problemlösung in Netzwerken* bilden den Kern der Entwicklungsprozesse.

3.1 Kompetenzorientierte Blended-Learning-Arrangements

Aus diesen Anforderungen leitet sich die in Abb. 3.1 dargestellte Grundstruktur kompetenzorientierten Blended Learnings ab.

Diese praxis-projektorientierte Konzeption ist als Kompetenz-Entwicklungsprozess gestaltet. Die individuellen Lernprozesse basieren auf Praxisprojekten und -anwendungen, die jeder Lerner in Absprache mit seiner Führungskraft (Kompetenz-Coach) im Unternehmen mit Unterstützung der Lernpartner und des Lernbegleiters bearbeitet. Die Netzwerkbildung und die Kommunikation finden im Kurs, insbesondere aber über eine Soziale Lernplattform und auch in Workshops statt. Neben themenzentrierten Foren und Webinaren in der Learning Community bieten sich insbesondere Social-Software-Kommunikations-Elemente (Web 2.0), wie z. B. Blogs und Wikis, an.

Web Based Trainings dienen in diesem Lernkonzept nicht nur dem Wissensaufbau und der Qualifizierung, sondern können über offene, problemorientierte Aufgaben erste kognitive Dissonanzen als Basis intendierter Kompetenzentwicklung erzeugen. Solche *kompetenzorientierten Entwicklungsprogramme*

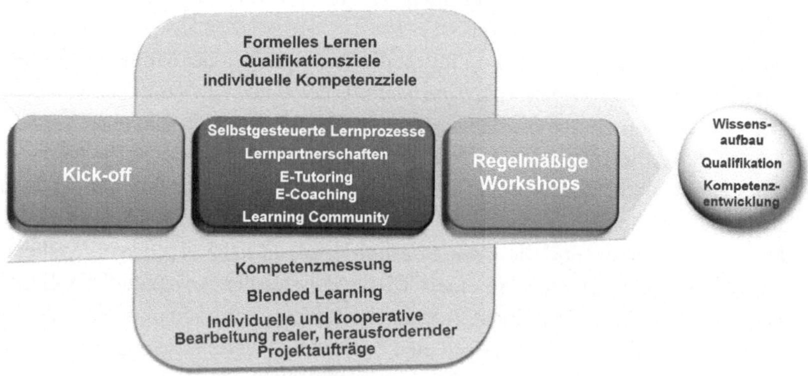

Abb. 3.1 Projektbezogene Kompetenzentwicklung mit Blended Learning und Social Learning

- sind nicht das Endprodukt, sondern die notwendige Voraussetzung für Kompetenzentwicklung,
- orientieren sich am Vorwissen und an der Erfahrungswelt der Lerner,
- ermöglichen vielfältige Interaktionen zwischen den Inhalten und dem Lerner, aber auch zwischen den Lernern und Experten (Lernen im Netz),
- geben den Lernern einen Spielraum, selbst zu entdecken, kreativ zu sein und Inhalte selbst zu erstellen,
- beinhalten herausfordernde (Dissonanz erzeugende) Transferaufgaben oder Projektaufträge,
- ermöglichen bzw. initiieren Feedback auf die Aktionen der Lerner, z. B. in den Workshops und über eine Community of Practice,
- unterstützen die Lerner inhaltlich und methodisch bei der Problemlösung,
- lassen den Lernern die Möglichkeit, ihren Kompetenzentwicklungsprozess weitgehend selbst zu gestalten und zu organisieren,
- werden laufend auf Basis der Arbeitsergebnisse der Lerner über die Personalentwicklung dynamisch weiterentwickelt.

Eine „echte" Interaktion zwischen Lerner und Lernprogramm, die diesen Anforderungen genügt, ist in der Praxis, meist schon aus Kostengründen, heute noch kaum möglich. Deshalb ist es wichtig, dass Lernprogramme *zielorientierte Konflikte* induzieren. Dies ist z. B. dadurch möglich, dass über dissonante Übungen und Transferaufgaben aus dem WBT die Lerner in ihrem Erfahrungsbereich eigene Lösungen für Projekt- oder Praxisherausforderungen entwickeln, die sie in einer Community of Practice analysieren und gemeinsam weiterentwickeln. Damit bewegen sich die Lerner wieder in ihrem gewohnten Bereich der Problembearbeitung. Mit dem Konzept der kontextsensitiven Wissensbasis gibt das Lernprogramm dabei „minimale" Hilfe bei der Problemlösung.

3.2   Kompetenzorientiertes Blended Learning – Beispiel

Als Basis für die Kompetenzmessungen dient in diesem Kompetenzentwicklungs-Arrangement ein tätigkeitsspezifisches Kompetenzprofil. Die jeweiligen Führungskräfte vereinbaren vorab mit ihren Mitarbeitern ein *herausforderndes Praxisprojekt* mit überprüfbaren Zielen, das sich aus den strategischen Zielen der Unternehmung ableitet. Die Ziele im Bereich des Wissensaufbaus und der Qualifikation ergeben sich dabei aus dem vorgegebenen Lernrahmen, den die Personalentwicklung bzw. das Kompetenzmanagement aufgebaut haben.

Die Mitarbeiter definieren auf Basis der Kompetenzmessungen ihre individuellen Kompetenzziele für ihr jeweiliges Praxisprojekt. Dabei stimmen sie sich mit ihrem Lernpartner und ihrer Führungskraft ab, mit der sie auch gemeinsam die Eckpfeiler ihres jeweiligen Kompetenzentwicklungsprozesses und der konkreten Rolle der Führungskraft als persönlicher Entwicklungspartner festlegen.

Die *didaktische* Analyse im Bereich des Wissensaufbaus und der Qualifizierung erfolgt durch die Personalentwicklung, während der Kompetenzentwicklungsprozess durch die Lerner selbst, in Abstimmung mit ihren Lernpartnern, der Führungskraft und evtl. dem E-Coach organisiert wird.

Die *methodische* Analyse übernimmt ebenfalls weitgehend die Personalentwicklung, die den Lernern innerhalb des Ermöglichungsrahmens Vorschläge für Lernmethoden, Sozialformen und Lernmedien unterbreitet. Die Lerner entscheiden in Abstimmung mit ihren Lernpartnern und dem Lernbegleiter, welche Methoden sie nutzen wollen.

Lernorganisation und -steuerung werden auf Basis von Vorschlägen der Personalentwicklung in Abstimmung mit den Lernpartnern und evtl. den E-Coaches weitgehend selbstorganisiert umgesetzt. Die Lernkonzeption weist in diesem Rahmen die in Abb. 3.2 dargestellte Struktur auf.

Die individuellen Kompetenzentwicklungsprozesse starten mit einem *Kickoff*, in dem insbesondere folgende Elemente integriert werden:

- Begrüßung und Sensibilisierung
- Vorstellung der persönlichen Projekte durch die Teilnehmer
- Einführung in die Konzeption und Systeme der Kompetenzentwicklung mit Blended Learning und Social Software
- Kompetenzmessung mit Auswertungen und Definition persönlicher Lernziele in Abstimmung mit der jeweiligen Führungskraft
- Bildung von Lerntandems und Lerngruppen
- Entwicklung von „Spielregeln" für die Tandem- und Gruppenarbeit sowie die Gestaltung der Projekttagebücher
- Besprechung der ersten Transferaufgabe
- Verbindliche Vereinbarungen für die selbstorganisierte Lernphase

In den *selbstorganisierten Lernphasen* verknüpfen die Teilnehmer formelle und informelle Lernprozesse zu einem systematischen Kompetenzentwicklungsprozess. Diese werden in Anlehnung an die Struktur von cMOOC strukturiert. Den „roten Faden" der Lernprozesse bilden zwar der Wissensaufbau und die Qualifizierung mittels WBT und Lernvideos im Rahmen des Blended-Learning-Arrangements, mit zunehmender Dauer gewinnt jedoch die Kompetenzentwicklung in den jeweiligen Praxisprojekten an Bedeutung. Das formelle Lernen wird zur notwendigen

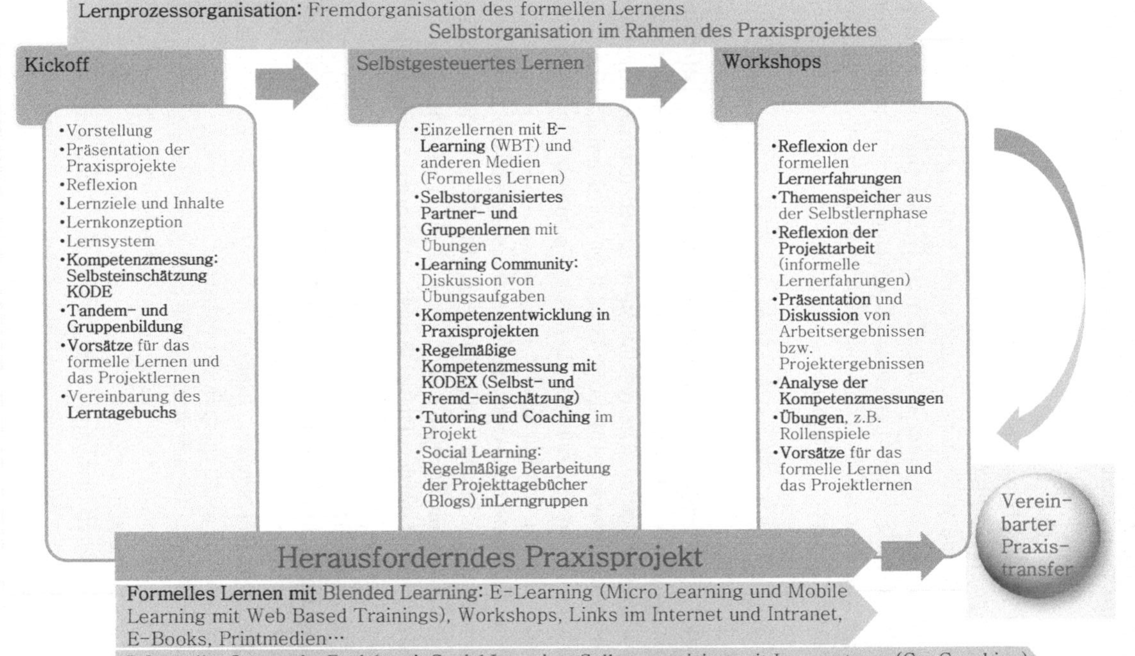

Abb. 3.2 Struktur des Blended-Learning-Arrangements mit projektbezogener Kompetenzentwicklung

Voraussetzung für gezielte, strategieorientierte Kompetenzentwicklungsprozesse in den vereinbarten Projektprozessen.

Die Lernprozesse in der Selbstlernphase sind durch folgende Merkmale gekennzeichnet:

- *Blended Learning:* Wissensaufbau und Qualifizierung erfolgt selbstgesteuert durch die Vertriebsmitarbeiter im Rahmen des KOPING-Konzepts[1]. In regelmäßigen Webinaren und Workshops können offene Fragen geklärt werden.
- *Entwicklung der Praxiskompetenz in der Praxis:* Die vereinbarten Vertriebsprojekte ermöglichen die selbstorganisierten Kompetenzentwicklungsprozesse. Diese werden regelmäßig anhand von Kompetenzmessungen sowie von Kennziffern gemeinsam durch den Mitarbeiter, seinen Lernpartner und die Führungskraft analysiert und bewertet.
- *Workplace Learning:* Wichtigster Lernort für den Kompetenzaufbau ist der Arbeitsplatz. Dort findet das Lernen individuell und primär statt. Das notwendige Wissen und die erforderlichen Qualifikationslösungen sowie die Lernbegleitung werden innerhalb des Ermöglichungsrahmens bedarfsgerecht angeboten.
- *Kompetenzorientiertes Lernen:* Die regelmäßigen Kompetenzmessungen werden systematisch ausgewertet. Auf dieser Grundlage werden die Lernprozesse in einem dynamischen Prozess durch die Lerner in Abstimmung mit ihren Lernpartnern und der Führungskraft laufend angepasst.
- *Social Learning:* Kompetenzentwicklung findet im Netzwerk mit Lernpartnern sowie in Communities of Practice statt. Diese entwickeln sich häufig auch aus Learning Communities, die nach Abschluss einer Qualifizierung durch die Teilnehmer selbst organisiert werden. Diese Übergänge können durch folgende Elemente gefördert werden:
  - Erfahrungsberichte, Best Practices …
  - Gemeinsame Bearbeitung von Erfahrungsberichten, z. B. aus Projekten
  - Gemeinsamer Aufbau und Weiterentwicklung eines Wissenspools mit Erfahrungswissen, Dokumenten, Links …
  - Erarbeitung von Arbeitshilfen, z. B. Checklisten
- *Individuelles Lernen:* Die Lerner nutzen vielfältige Angebote des *Mobile und Micro Learnings*, aber auch *Open Resources*, die ihnen innerhalb des Ermöglichungsrahmens angeboten werden.
- *Lernwegflankierung* durch Lernpartner, die Führungskraft und den E-Coach.

---

[1] *Kommunikative Praxisbewältigung in Gruppen.* Die Lerner sollen befähigt werden, ihre Praxis zu bewältigen. In Lerntandems und in kleinen Gruppen sollen sie im gegenseitigen Austausch, also kommunikativ und in der Form „kleiner Netze", sich gegenseitig in ihrer Entwicklung unterstützen.

Kompetenzen können grundsätzlich auch durch die Übernahme einer herausfordernden Aufgabe zusätzlich zu den laufenden Aufgaben aufgebaut werden.[2] Das Ziel der strategieumsetzenden Kompetenzentwicklung im Unternehmen kann beispielsweise unterstützt werden, indem die Mitarbeiter ein einheitliches „*Korridorthema*" (*Schwerpunktthema*) bearbeiten. Sie definieren gemeinsam, evtl. in Abstimmung mit der Geschäftsführung, strategisch bedeutsame Themen, mit denen sie sich kollaborativ über einen meist längeren Zeitraum beschäftigen.[3] Ein Beispiel dafür kann die Optimierung der Teamarbeit sein. Mit einem gemeinsam entwickelten Handlungsraster werden die Mitarbeiter sensibilisiert, in möglichst alle relevanten Handlungen teamfördernde Elemente zu integrieren. Die Erfahrungen in diesen Lernprozessen werden in einem gemeinsamen Kommunikationsprozess, z. B. über Lerntagebücher, aufgearbeitet und über das kompetenzorientierte Wissensmanagement dokumentiert.

In den regelmäßig etwa alle vier Wochen stattfindenden Workshops, die jeweils auf die selbstorganisierten Lernphasen folgen, bringen die Mitarbeiter offene Fragen aus Transferaufgaben und ihren Praxisprojekten ein und präsentieren ihre Lösungen zu komplexen Gruppenaufgaben, die sie z. B. in Lerngruppen erarbeitet haben. In unseren Projekten zeigte sich, dass das formelle Lernen mit den WBT nur am Anfang eine größere Rolle in den Reflexionen während der Workshops spielte. Rasch bildeten die Erfahrungen und offenen Fragen aus den Transferaufgaben und in den Praxisprojekten den Kern der Kommunikation.

Bei Bedarf wird weiterführendes Wissen ausgetauscht, vor allem zu aktuellen Entwicklungen oder zu den Produkten. In diversen Übungen werden Methoden und Techniken im „Labor", z. B. mittels Rollenspielen, trainiert. Darüber bringen die Mitarbeiter ihr Erfahrungswissen aus den selbstorganisierten Lernphasen aus. Sie erhalten in der Diskussion weiterhin Hilfen für die jeweils nächste Phase des selbstorganisierten Lernens. Schließlich werden verbindliche Vereinbarungen für die kommende Selbstlernphase getroffen.

Ein definiertes Ende der Kompetenzentwicklungsprozesse ist nicht vorgesehen, sie laufen auch nach dem Ende der Qualifizierungsphase weiter. Sie werden entsprechend den Herausforderungen in der Praxis laufend fortgeführt oder durch weitere Projekte neu ausgerichtet. Damit wird die Vision eines lebenslangen, lebensweiten Lernens realisiert.

Bei konsequenter Einbeziehung von Social Software kann dieser Prozess des Workplace Learnings beispielhaft wie in Abb. 3.3 gezeigt gestaltet werden.

Dieses integrierte „Kompetenzentwicklungs-Arrangement" verbindet den Aufbau formellen Fachwissens und die Qualifizierung mit der selbstorganisierten

---

[2] Heyse (2012, S. 231).
[3] Vgl. Stiefel (2010).

Elemente	Aktivitäten	Vorphase	1. Monat	2. Monat	3. Monat	4. Monat	5. Monat	6. Monat
Lernziele und -inhalte	**Entwicklungsgespräch:** Kompetenzmessung und –ziele, Vereinbarung Projekt- und Praxisaufgaben…	◆						
Kick-off Workshop	Präsenzveranstaltung: 1 Tage mit „Kaminabend", Tandem- und Gruppenbildung, Vorsatzbildung….		■					
Wissensaufbau und Qualifizierung	**Blended Learning Angebote, Nutzung des Content- Angebotes** „on-demand": Case-Studies mit E-Learning, Wissenspool, Lernvideos, Podcasts…		………	………	………	………	………	………
Co-Coaching	**Lernpartner :** Wöchentlicher Jour fixe Gegenseitige Beratung und Begleitung		••• ••••	•••• ••••	•••• ••••	•••• ••••	•••• ••••	••• •••
E-Coaching	Professionelle Beratung und Begleitung Feedback zu Themenspeicher und Lerntagebuch		♦ ♦	♦ ♦	♦ ♦	♦ ♦	♦ ♦	♦
Kollegiale Beratung	Gegenseitige problemorientierte Beratung in Lerngruppen nach einer gleichbleibenden Struktur		◉		◉		◉	
Umsetzungs-Workshop	Webinare (ca. 1 h): Reflexion der Selbstlernphase, Bearbeitung offener Fragen, Training, Vorsatzbildung…			○	○	○	○	
Lernerfolg	Kompetenzmessungen, Erfüllung der vereinbarten Ziele und Projekte…		❖	❖		❖		❖
Abschluss-Workshop	Präsenzveranstaltung: 1 Tlg, Präsentation und Diskussion der Ergebnisse, Vorsatzbildung…							■

Abb. 3.3 Ablauf des Blended-Learning-Prozesses mit Social Software und projektorientierter Kompetenzentwicklung. (Beispiel learn@work, www. learn-at-work.com)

Kompetenzentwicklung in Praxisprojekten. Der Umfang der Präsenztermine konnte gegenüber der bisherigen rein seminaristischen Maßnahme auf ca. 10 % gesenkt werden. Das Lernen findet überwiegend im Prozess der Projektarbeit statt. Aufgrund der hohen Aktivität und Selbstorganisation der Lerner zeigt diese Konzeption eine sehr hohe Lerneffizienz.

Eine kompetenzorientierte Blended-Learning-Konzeption mit Praxisprojekten gibt den Lernern die erforderlichen Hilfen, um ihre Kompetenzen direkt aus und in der Praxis, in realen Herausforderungen, laufend weiterzuentwickeln. Durch die Einbindung in Netzwerke mit anderen Vertriebsmitarbeitern gewinnen sie an Sicherheit. Gleichzeitig entsteht eine Arbeits- und Lernkultur, die notwendige Voraussetzungen für den Unternehmenserfolg schafft.

Die Anforderungen an die Lerner wandeln sich fundamental, da sie diese Entwicklungsprozesse eigenverantwortlich gestalten. Sie werden dabei jedoch durch die Begleitung ihrer Lernpartner sowie durch die Führungskraft sowie den Lernbegleiter wirkungsvoll unterstützt. Eine neue Lernkultur ist im Entstehen. Sie erfordert ein radikales Umdenken, die Veränderung des Handelns aller Beteiligten, da Lernroutinen, die über Jahrzehnte aufgebaut wurden, sich nur über Jahre hinweg wieder verändern können.

Social Workplace Learning: Integrierte Kompetenzentwicklung im Prozess der Arbeit und im Netz

4

Social Workplace Learning bedeutet konsequent umgesetzt einen Paradigmenwechsel. Nicht mehr die Personalentwickler oder die Trainer sind primär für die Lernprozesse der Lerner verantwortlich. Diese organisieren nunmehr ihre Kompetenzentwicklung selbst und in eigener Verantwortung. Formelle Lernprozesse zum Wissensaufbau und zur Qualifikation bilden dafür die notwendige Voraussetzung, sind aber nicht das Ziel.

Die Lerner erhalten in diesem Lernsystem die Möglichkeit, Kompetenzziele und die dafür erforderlichen Wissens- und Qualifikationsziele eigenverantwortlich zu definieren, ihre Kompetenzentwicklungsprozesse innerhalb des Ermöglichungsrahmens selbst zu organisieren und umzusetzen und allein oder kollaborativ Problemlösungen in der Praxis zu entwickeln. Deshalb muss das KOPING-Konzept zum Co-Coaching-Konzept weiterentwickelt werden. Da das Lernen weitgehend „on demand" erfolgt, sind die Co-Coaching-Prozesse im Regelfall auf die gemeinsame Lösung von Praxisproblemen bezogen.

4.1 Lernbegleitung

Coaching hat sich in informellen Lernprozessen als die optimale Lernbegleitung erwiesen. Diese Entwicklungspartnerschaft ist eine besondere Art intendierter Kompetenzentwicklung mit einer methodisch fundierten Vorgehensweise, zuweilen auch zur teambezogenen oder organisationalen Kompetenzentwicklung. Da es jedoch nicht möglich ist, jedem Mitarbeiter und jeder Führungskraft einen Coach zur Seite zu stellen, kommt der Lernbegleitung durch Lernpartner im Rahmen des Co-Coachings sowie der Kollegialen Beratung und den Communities of Practice bei informellen Lernprozessen am Arbeitsplatz eine zentrale Bedeutung zu. Die Lernbegleiter wandeln ihre Rolle zum E-Mentor.

© Springer Fachmedien Wiesbaden 2016
J. Erpenbeck et al., *Social Workplace Learning*, essentials,
DOI 10.1007/978-3-658-10499-3_4

19

4.1.1   Co-Coaching

Das KOPING-Modell erhält in informellen Lernprozessen einen grundlegend veränderten Charakter, da nicht mehr kooperative, formelle Lernaufgaben im Vordergrund stehen, sondern reale Herausforderungen in der Praxis kollaborativ zu bewältigen sind. Die Lerner verantworten und gestalten ihre kompetenzorientierten Lernprozesse selbstorganisiert, gemeinsam auf „Augenhöhe" mit Lernpartnern, evtl. unterstützt von Experten oder Mentoren. Deshalb sprechen wir von *Co-Coaching*.[1]

Co-Coaching verstehen wir als eine wechselseitige, überwiegend gleichberechtigte und für die effektive Kompetenzentwicklung der Coaching-Partner förderliche Kollaborations- und Kommunikationsbeziehung.

Diese Form des Coachings ist ein wesentliches Element des E-Learnings der vierten Generation, d. h. der Kompetenzentwicklung mit Blended Learning und Social Software. Sie hat sich als besonders wirksam erwiesen, wenn die Lernpartner eine geringe Kompetenzdistanz aufweisen.[2] Rückmeldungen der Lernpartner gelten vor allem dann als umsetzbar, wenn die Lernpartner als ebenbürtig eingeschätzt werden.

Das Gesamtkonzept des Co-Coachings weist die in Abb. 4.1 dargestellten Aspekte auf.

Der Nutzen des Co-Coachings wird unter folgenden Voraussetzungen optimiert:[3]

- Gegenseitige Sympathie der Partner verringert die mögliche Inkompabilität, verglichen mit einem bezahlten Coach-Client-Verhältnis.
- Der Co-Coach kennt den Partner meist von Anbeginn, Anlaufschwierigkeiten des Kennenlernens entfallen.
- Keiner geht aus den Begegnungen geschwächt, in der Regel aber beide gestärkt, hervor.
- Aufgrund der intimeren Kenntnis der Umstände und der Lernpartner kann man schnell emotional wirksame Handlungsvorschläge machen.

In der Praxis des Co-Coachings haben sich folgende Vorgehensweisen bewährt:[4]

- Die Lernpartner kommunizieren mit Wertschätzung; die Ziele und Wünsche des Lernpartners, der gecoacht wird, stehen immer im Vordergrund.

---

[1] Vgl. Nemko (2012).

[2] Wahl (3. erw. Aufl., 2013, S. 223).

[3] Vgl. Nemko (2012).

[4] Vgl. Nemko (2012).

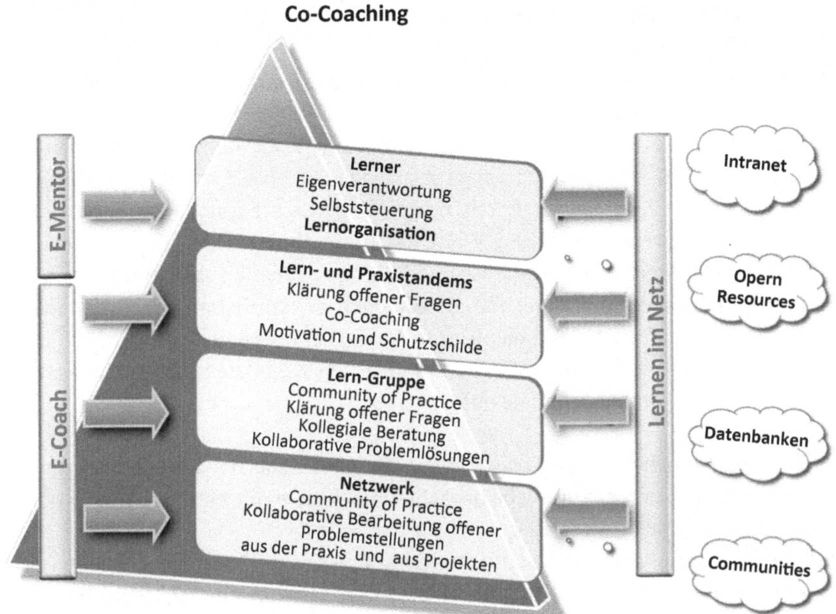

Abb. 4.1 Co-Coaching im Social Workplace Learning

- Die Lernpartner beginnen mit der Definition und Bewertung zentraler Herausforderungen.
- Phasen des Zuhörens, der gemeinsamen Klärung oder der Entwicklung von Lösungen wechseln ab.
- Bereits vollzogene Lösungsversuche und eventuelle Optionen werden analysiert und weiterentwickelt.
- Die Argumente dafür und dagegen werden sorgfältig personenbezogen abgewogen.
- Die Auswirkungen der vereinbarten Maßnahmen werden regelmäßig überprüft und analysiert.
- Alles Gesprochene ist und bleibt streng vertraulich.
- Die Lernpartner wechseln ihre Rollen.

4.1.2   Kollegiale Beratung

Ergänzend zum Co-Coaching kann das Konzept der *Kollegialen Beratung* wichtige Impulse für die kollaborative Entwicklung von Problemlösungen geben.[5] Dabei handelt es sich um eine wirksame Beratungsform in Gruppen, bei der sich die Lernpartner wechselseitig nach einem feststehenden Ablauf mit verteilten Rollen zu Herausforderungen in der Praxis oder in Projekten beraten, um kollaborativ Lösungen zu entwerfen. Auf diese Weise lernen sie, Probleme aus dem Prozess der Arbeit zu bewältigen, Kooperations- und Führungsverhalten zu entwickeln sowie fundierte Entscheidungen zu treffen, Belastungen zu vermindern und erfolgreicher zu handeln. Jeder Lerner wird damit zum Prozessberater seiner Lernpartner.

Die Kollegiale Beratung weist im Kontext von Kompetenzentwicklungsmaßnahmen u. a. folgende Merkmale auf:

- *Beratungsprozess in der Lerngruppen:* Das Potenzial der Methoden entfaltet sich erst in Gruppen von sechs bis acht Teilnehmern mit klar verteilten Rollen, die wechseln (vgl. Abb. 4.2).
- *Festgelegter Ablauf und Rollen:* Der Beratungsprozess orientiert sich immer an einer relativ einfachen, aber gleichbleibenden Struktur, die aus sechs bis zehn Schritten besteht.

Der Fallgeber   **Die Berater**   **Der Moderator**

- bringt seine berufliche Problemstellung ein
- schildert, wie er die Herausforderung erfährt
- formuliert seine Frage an die Kollegen

- hören sich den Fall an
- klären offene Punkte durch Fragen
- analysieren gemeinsam die Herausforderung
- entwickeln kollaborativ Lösungsvorschläge

- moderiert das Treffen
- stellt sicher, dass die Regeln eingehalten werden
- steuert den Ablauf
- gibt Impulse, um die Beiträge zu verknüpfen,
- leitet auf die einzelnen Phasen über

Abb. 4.2   Rollen in der Kollegialen Beratung. (ebenda)

---

[5] Vgl. Tietze (5. Aufl., 2012).

In diesem Prozess der Kollegialen Beratung werden alle Teilnehmer aktiviert, so dass deren

Potenzial, ihre vielfältigen Erfahrungen und die Dynamik ihrer Gruppe systematisch genutzt wird. Gleichzeitig bauen die Teilnehmer ihre Kompetenzen auf, schwierige Situationen strukturiert zu reflektieren, und in der Folge ähnlich gelagerte Probleme zukünftig eigenständig lösen zu können.

4.1.3 E-Mentoring

Der Lernbegleiter wandelt in integrierten Kompetenzentwicklungsprozessen im Prozess der Arbeit und im Netz seine Rolle weiter zum *E-Mentor*, da die Lerner ihr Lernen immer mehr selbst organisieren und verantworten und das Coaching vor allem im Rahmen des Co-Coachings stattfindet.

Beim *E-Mentoring* gibt ein erfahrener Lernbegleiter (Mentor) Erfahrungswissen und Eindrücke meist online an einen Lerner (Mentee) mit dem Ziel weiter, ihn in seiner persönlichen oder beruflichen Kompetenz innerhalb oder außerhalb des Unternehmens zu fördern.[6]

Bei besonders schwierigen Praxisfragen oder bei der Entwicklung von Lösungen für Problemstellungen in der Praxis kann der Lerner meist auch auf E-Coaches zurückgreifen.

Das Ziel des E-Mentorings ist es, den Entwicklungsprozess der Lerner mithilfe des Netzwerks des Mentors zu intensivieren und die Lernprozesse beratend zu begleiten. In diesen Mentoring-Prozessen liegt der Lerneffekt immer mehr auf dem Transfer von implizitem Wissen des Mentors, der dafür einen entsprechenden Erfahrungshintergrund mitbringen sollte. Dieses Erfahrungswissen ist eine wertvolle Ergänzung zu dem expliziten Wissen, das in diesem Lernsystem genutzt werden kann.

Zusätzlich zu den genannten Vorteilen fördert ein Mentoring die Vernetzung des Lernenden im Unternehmen, insbesondere mit Entscheidern. Umgekehrt erhalten die Mentoren ein eindeutiges Feedback von der Basis und lernen selbst einen anderen Blickwinkel auf die Organisation kennen. Erfahrungsgemäß wirkt sich Mentoring auch bei den Mentoren günstig auf ihr Führungsverhalten aus. So wird ein positiver Nebeneffekt für die Organisation realisiert und eine soziale Interaktion über die Bereiche und Hierarchieebenen hinweg erreicht.

Für das Mentoring werden geschützte Kommunikationsbereiche auf der Sozialen Lernplattform angelegt, die einen vertraulichen Austausch außerhalb der persönlichen Treffen erlauben. Auch für die Vernetzung der Mentoren beziehungsweise der Lernenden untereinander sind geschlossene Bereiche vorgesehen.

---

[6] Vgl. Graf und Edelkraut (2013).

4.1.4   Lern-Netzwerk

Da das formelle Lernen in fremdorganisierter Form in innovativen Lernsystemen zunehmend an Bedeutung verliert, gleichzeitig die Lernprozesse durch reale Problemstellungen initiiert werden, wandeln sich die Learning Communities zu *Communities of Practice*. [7]Die Lernkurse erweitern sich damit zu einem Netzwerk.

In *Communities of Practice (CoP)* wählen die Lerner selbst die Ziele, Inhalte, Strategien, Methoden und Kontrollmechanismen ihrer Lernprozesse und kommunizieren überwiegend über die Soziale Lernplattform miteinander.

Es entsteht damit eine informelle soziale Struktur, die von den Teilnehmern geprägt wird. Häufig werden dabei Web-2.0-Kommunikationsinstrumente genutzt, so dass soziale Lerngemeinschaften entstehen können.

Die Lern-Infrastruktur muss neben diesen Kommunikationsprozessen auch die Möglichkeit bieten, Erfahrungswissen und Erkenntnisse, die bisher gesammelt wurden, bei neuen Herausforderungen oder Projekten wieder nutzen zu können. Deshalb ist ein *kompetenzorientiertes Wissensmanagement* zu integrieren, welches die Aufbereitung von Erfahrungswissen, z. B. mittels *Rapid E-Learning*, sowie die Speicherung und das Auffinden der Beiträge und der jeweiligen Experten ermöglicht.

Mit *Communities of Practice* werden u. a. folgende Ziele erreicht:

- *Praxis- und Lernprobleme* werden gemeinsam schnell und kompetent gelöst.
- Die *Kompetenzentwicklung der Lerner* wird gezielt gefördert.
- Es entwickelt sich ein *gemeinsamer Wissenspool* aus „User-generated Content".
- Es entstehen innovative neue Lösungsansätze („*Best Practices*").
- Das *Netzwerk der Lerner* entwickelt sich dynamisch weiter.

Communities of Practice benötigen ein *Soziale Lernplattform*, die die Kommunikation mit Social Software aktiv unterstützt und die Möglichkeit bietet, das Erfahrungswissen der Teilnehmer strukturiert zu speichern und über Suchfunktionen nutzbar zu machen. Die meisten Lerner nutzen daneben *öffentlich zugängliche Communities*, insbesondere um Informationen zu erhalten und in der Kommunikation mit anderen neues Wissen zu entwickeln. Diese sind durch eine gemeinsame Verständigungsbasis und vergleichbare Problemstellungen geprägt. Damit entwickelt jeder Lerner sein individuelles Lern-Netzwerk, das er laufend um neue Kontakte, die er in persönlichen Treffen, aber auch virtuell knüpft, erweitert.

---

[7] Vgl. Wenger (1998).

4.2 Social Workplace Learning

Social Workplace Learning basiert auf individuellen Kompetenzentwicklungsprozessen, die durch eine zielorientierte Selbstorganisation der Arbeit und des Lernens innerhalb des Ermöglichungsrahmens geprägt sind (Abb. 4.3.)

Dieser Lernrahmen macht es möglich, dass die Lerner individuelle Lernprozesse mit dem Ziel der selbstorganisierten Kompetenzentwicklung realisieren. Sie verknüpfen dabei formelles, kooperatives Lernen in sozialen Trainings mit informellem, kollaborativem Lernen im Arbeitsprozess (Soziales Lernen).

4.2.1 Didaktisch-methodische Gestaltung

In einem gemeinsamen Entwicklungsprozess mit Personalentwicklern bzw. Kompetenzmanagern und ausgewählten Führungskräften wird ein *unternehmensspezifisches Soll-Profil* für die jeweilige Zielgruppe entwickelt. Für diese Kompetenzanforderungen gestaltet ein Kompetenzmanagement-Team einen Ermöglichungsrahmen, der aufgrund der Erfahrungen und Rückmeldungen laufend weiterentwickelt wird. Die individuellen Lernprozesse werden von den Mitarbeitern innerhalb dieses Lernrahmens selbstorganisiert gestaltet. Ihre Entwicklungsprozesse werden dabei von Lernpartnern und E-Mentoren (meist obere Führungskräfte der 2. und 3. Ebene) im Rahmen des Co-Coachings begleitet. Bei Bedarf können die Mitarbeiter Lernberatung im Kompetenzmanagement oder E-Coaching für komplexe Problemstellungen nutzen.

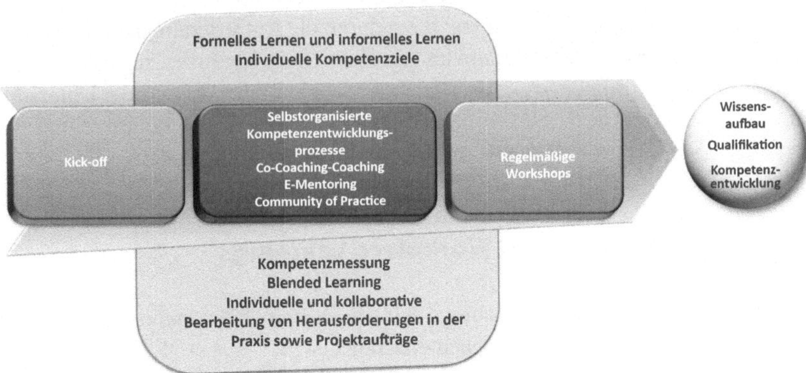

Abb. 4.3 Prozess des Workplace Learnings

In der *didaktischen Analyse* werden auf der Grundlage von Kompetenzprofilen und systematisch erfassten Kompetenzentwicklungsmöglichkeiten *Richtziele* definiert, die Kompetenzen anstreben und damit deutlich über die bisherigen, wissensbezogenen Curricula hinausgehen. Diese bilden den Rahmen für die *individuellen Zielformulierungen* der Mitarbeiter, die jeweils auf ihren persönlichen Kompetenzmessungen basieren. Persönliche Kompetenzziele und individuelle Lerninhalte werden jeweils durch die Lerner in Abstimmung mit ihren Lernpartnern und ihrer eigenen Führungskraft festgelegt. Dabei spielt die regelmäßige Erfassung der Kompetenzentwicklung, sowohl durch Selbst- als auch durch diverse Fremdeinschätzungen, eine besondere Rolle, die erst eine dynamische Anpassung der persönlichen Kompetenzziele und Aufgaben ermöglicht.

Die Lerninhalte ergeben sich in einem dynamischen Prozess aufgrund der aktuellen Herausforderungen, die im Führungsprozess zu bewältigen sind, sowie der Vereinbarungen mit dem jeweiligen Vorgesetzten.

Rein inhaltsorientierte Lernziele verlieren in diesem Lernsystem an Bedeutung. Die aktuelle Lernkultur, aber auch Vorgaben von Führungskräften oder zentralen Institutionen machen es jedoch meist erforderlich, nach wie vor den Aufbau eines bestimmten (Fach-)Wissens, evtl. sogar nachweisbar, sicherzustellen. Formelles Lernen findet dabei über viele kleine, problemorientierte Web Based Trainings oder Lern-Videos (Micro Learning) statt, mit denen die Lerner das notwendige Fachwissen aufbauen können und die über entsprechende Aufgaben Reflexionen und den ersten Praxistransfer initiieren. Die Mitarbeiter können diese Inhalte damit bei der Lösung ihrer Praxisherausforderungen bedarfsorientiert abrufen. Über praxisorientierte Freitextaufgaben, die in das jeweilige E-Portfolio der Lerner integriert sind, bauen die Lerner eine Datei persönlicher Lösungen auf, die mit Kommentaren und Ergänzungen durch ihre Lernpartner erweitert sind.

Die *methodische Analyse* wird vor allem durch die Anforderung geprägt, selbstorganisierte Lernprozesse zu fördern und das Lernen im Netzwerk zu ermöglichen. Hierbei ist ein zielgruppengerechtes Gleichgewicht zwischen steuernder Unterstützung der Lernprozesse durch die Lernbegleiter und der Eigenverantwortung der Lerner zu finden. Das Gleiche gilt für die soziale Flankierung der Lernprozesse.

4.2.2 Prozess des Social Workplace Learnings

Der Prozess des Workplace Learnings wird in diesem Verständnis durch die in Abb. 4.4 dargestellten Elemente gekennzeichnet.

Diese Lernprozesse am Workplace in den selbstorganisierten Phasen sind durch folgende Merkmale gekennzeichnet:

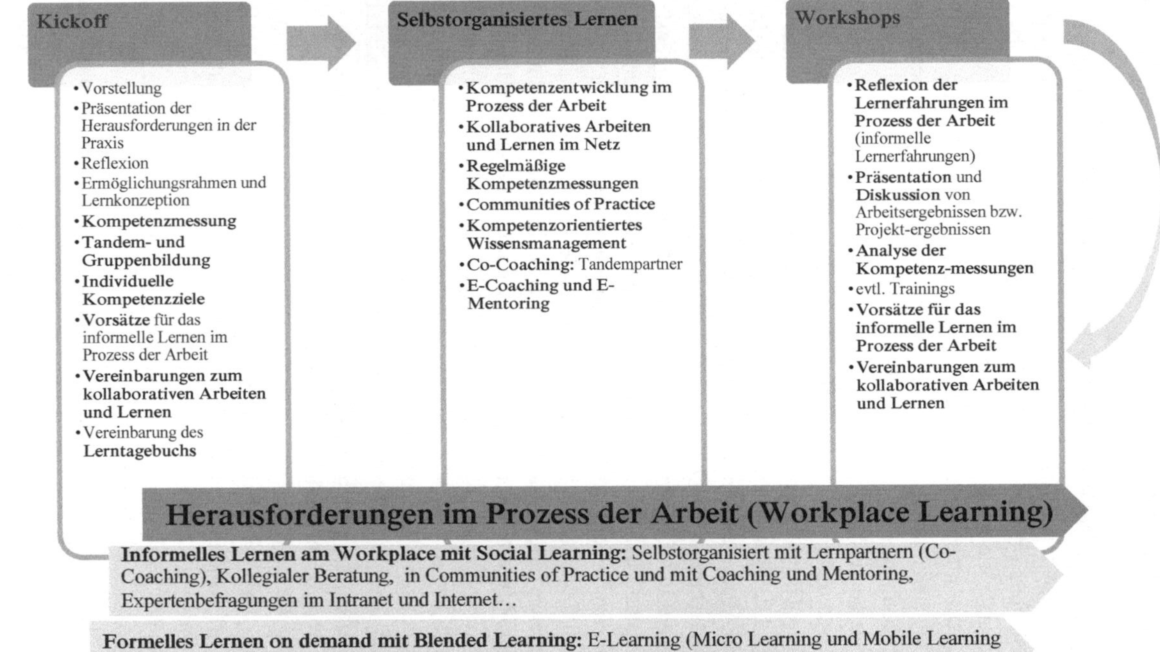

Abb. 4.4 Prozess des Workplace Learnings

- *Kompetenzziele:* Die Optimierung der Handlungsfähigkeit der Mitarbeiter in der Praxis und damit ihres Beitrags zum Unternehmenserfolg ist das Richtziel. Dies erfordert individuelle, selbst definierte Lernziele, die sich konsequent an den Kompetenzentwicklungsmöglichkeiten jedes Lerners orientieren.

- *Kompetenzorientiertes Lernen:* Die Kompetenzentwicklung wird regelmäßig aus verschiedenen Blickwinkeln, der des Lerners, seines Lernpartners, des Lernbegleiters oder der Führungskraft, gemessen, analysiert und ausgewertet. Der gesamte Lernprozess wird mithilfe eines Kompetenzerfassungssystems konsequent auf die individuellen Entwicklungsmöglichkeiten der Führungskräfte hin ausgerichtet. Im Abgleich dieser individuellen Kompetenzen mit den Rahmenbedingungen und den Möglichkeiten des Lernsystems definiert jeder Lerner seine persönlichen Kompetenzentwicklungsziele. Dies erfolgt meist in einem Diskussionsprozess mit dem Lernpartner und evtl. der Führungskraft. Auf dieser Grundlage werden die Lernziele bei Bedarf immer wieder angepasst und die Lernprozesse in einem dynamischen Prozess durch die Mitarbeiter selbst in Abstimmung mit ihren Lernpartnern und evtl. dem E-Mentor laufend optimiert. Damit entwickelt jeder Teilnehmer seine individuelle Lernstrategie.

- *Selbstorganisiertes Lernen:* Innerhalb des Ermöglichungsrahmens, den die Führungskraft über die soziale Lernplattform nutzen kann, organisiert sie ihren Kompetenzentwicklungsprozess in Abstimmung mit ihren Lernpartnern und evtl. dem E-Mentor selbst. Dabei orientiert sie sich an den Vereinbarungen mit ihrer eigenen Führungskraft und an dem verbindlichen Werterahmen des Unternehmens. Mithilfe ihrer *E-Portfolios* können die Führungskräfte ihre persönlichen Lernprozesse planen und dokumentieren. Neben den Ergebnissen der regelmäßigen Kompetenzerfassung dokumentieren sie dort ihre wichtigsten Lernunterlagen, Ausarbeitungen oder Präsentationen. Sie können selbst entscheiden, wer Einsicht in diese Lernsammlung nehmen darf. Einzelne Führungskräfte nutzen auch die Möglichkeiten von Open Resources oder tauschen sich in freien Communities in der Praxis aus.

- *Individueller Wissensaufbau und Qualifizierung:* Dieser Bereich wird über eine Vielzahl stark modularisierter Web Based Trainings und Lernvideos (*Micro Learning*) ermöglicht, die das erforderliche systematische und aktuelle Managementwissen kontextsensitiv zur Verfügung stellen. Die Lerner bearbeiten in ihren WBT kooperativ problembezogene Aufgabenstellungen aus der Führungspraxis zum Wissensaufbau, aber auch Reflexionen und Fallstudien. Jeder Lerner eignet sich damit gezielt das fehlende Wissen „on-demand" an, das er zur Lösung der Aufgaben in der Praxis und in Praxisprojekten benötigt. Hierbei können sie auch *Mobile-Learning*-Systeme nutzen, so dass sie räumlich ungebunden sind. Lernmethodik und -geschwindigkeit, aber auch Ort und Zeitpunkt der Bearbeitung der Lernprogramme und Aufgabenstellungen werden von jedem Lerner selbstverantwortlich festgelegt.

- *Orientierung und Reflexion in Workshops:* In einem Blended-Learning-Konzept können die Führungskräfte ihre Erfahrungen regelmäßig in Workshops reflektieren und anwenden. Offene Fragen aus der Praxis, den Projekten oder Transferaufgaben werden bei Bedarf mit Experten und oberen Führungskräften bearbeitet. Es wird immer wieder weiterführendes Wissen ausgetauscht, vor allem zu aktuellen Inhalten oder aus der unternehmensbezogenen Führungspraxis. In diversen Übungen werden Methoden und Führungstechniken im „Labor", z. B. mittels Rollenspielen, trainiert. Darüber hinaus erhalten die Lerner in der Diskussion Hilfen für die Zeit des selbstorganisierten Lernens. Schließlich werden verbindliche Vereinbarungen für die jeweils nächste Selbstlernphase getroffen. Weiter werden in die Workshops Elemente mit Event-Charakter, wie z. B. Kaminabende mit oberen Führungskräften oder Outdoor-Übungen, integriert.

- *Kompetenzaufbau über Transferaufgaben:* Neben dem Wissensaufbau und der Qualifizierung übernehmen die Lernprogramme auch die Aufgabe, über offene Transferaufgaben, die sich an realen Problemstellungen aus der Führungspraxis orientieren, erste Kompetenzentwicklungsprozesse zu initiieren. Diese Lernprozesse können durch weitere kurzfristig vereinbarte Transferaufgaben verstärkt werden. Die dabei gewonnenen Erfahrungen werden mit Lernpartnern und in der Community of Practice ausgetauscht und diskutiert.

- *Kompetenzentwicklung im Prozess der Arbeit und in realen, herausfordernden Projektaufträgen:* Nicht mehr Seminartermine oder E-Learning-Angebote, sondern die aktuellen, herausfordernden Aufgaben in der Führungspraxis, wie beispielsweise Planungsaufgaben, Auswahlentscheidungen, Delegation von Aufgaben oder schwierige Mitarbeitergespräche, initiieren und bestimmen die selbstorganisierten Lernprozesse. Diese werden regelmäßig durch die Vorgesetzten der Teilnehmer im Rahmen der Mitarbeitergespräche unter Einbeziehung der Kompetenzmessungen sowie evtl. weiterer Kennzahlen aus dem Learning-Analytics-System analysiert und bewertet. Lernen ist damit von der eigenen Kompetenzentwicklung nicht mehr zu trennen und erfolgt bevorzugt kollaborativ im Prozess der Arbeit selbst.[8] Formelle Lernangebote, z. B. Web Based Trainings, Lernvideos oder Podcasts, werden innerhalb des Ermöglichungsrahmens bei Bedarf vom Lerner aktiv gesucht und zeitnah in seinen Lernprozess mit einbezogen, bilden aber nicht das Zentrum des Lernens.

- Insbesondere bei jungen Führungskräften können Projekte mit realen Aufgabenstellungen, die aufgrund ihrer Komplexität eine längerfristige Projektbearbeitung erfordern und sonst eventuell an externe Unternehmensberatungen vergeben würden, die Kompetenzentwicklungsprozesse gezielt initiieren.

---

[8] Vgl. Karlhuber und Wageneder (2. Aufl., 2013).

- *Kompetenzorientiertes Wissensmanagement:* Das Erfahrungswissen, das die Führungskräfte in ihren Lernprozessen aufbauen, tauschen sie mit ihren Lernpartnern über *Lerntagebücher (Blogs)* aus und entwickeln es im Rahmen der *Community of Practice* zu gemeinsamem Wissen weiter. Die Gruppenmitglieder verpflichten sich, diese Lerntagebücher zu lesen und zu kommentieren, bei Bedarf Hilfestellung zu Anregungen zu geben. Dadurch entsteht ein netzbasierter Entwicklungsprozess, der alle Gruppenmitglieder an dem gewonnenen Erfahrungswissen teilhaben lässt. Gleichzeitig wird Lernen im Netz initiiert, geübt und systematisch optimiert.

Die Weblogs werden damit zu Instrumenten der Selbstbeobachtung und Selbstreflexion der jeweiligen Lösungen im eigenen Führungsprozess der Teilnehmer, aber auch der individuellen Lernprozesse.[9] Die Führungskräfte können durch Verfolgen der Weblogs am Lernprozess anderer Führungskräfte teilhaben. In Verbindung mit Suchfunktionen werden Weblogs wichtige Elemente eines kompetenzorientierten Wissensmanagementsystems, so dass man neben Quellen mit Fach- und Erfahrungswissen auch Personen für die Lösung von Problemstellungen findet. Ein Netzwerk aus Weblogs bildet wiederum eine inhaltliche Grundlage für das Lernen im Netz.

- *Strukturierungshilfen für individuelles Lernen:* Das Lernsystem unterstützt die Führungskräfte bei der Planung ihrer individuellen Lernprozesse. Sie optimieren damit im Laufe der Zeit gemeinsam mit ihren Lernpartnern und evtl. Lernbegleitern ihre individuellen Lernprozesse.
- *Feedback:* Selbstorganisiertes Lernen erfordert zwingend regelmäßige Rückmeldungen. Die Führungskräfte werden dadurch in die Lage versetzt, ihre Lernstrategien laufend zu optimieren, Kompetenzentwicklungsmöglichkeiten zu erkennen und diese Lücken gezielt zu schließen. Deshalb kommt dem Austausch und der Diskussion von Erfahrungswissen mit Lernpartnern, Experten und Führungskräften eine zentrale Bedeutung zu. Im formellen Lernbereich spielen Rückmeldungen aus standardisierten Aufgaben der Lernprogramme durch den Computer, verbunden mit einem Scoringsystem, eine Rolle. Learning Analytic Tools bereiten die Lernerdaten individuell auf und geben den Lernenden damit wichtige Hinweise zur Optimierung ihrer individuellen Lernprozesse,
- *Vergleichsmaßstäbe:* Selbstorganisiertes Lernen erfordert Vergleichsmaßstäbe. Deshalb werden Arbeitsergebnisse aus der Führungspraxis und Projektergebnisse in der Community of Practice, Ausarbeitungen zu Übungen und Transferaufgaben in der Learning Community präsentiert und diskutiert. Diese Prozesse werden mithilfe von Social Software optimiert.

---

[9] Vgl. dazu auch Wahl (3. erw. Aufl., 2013, S. 46 ff.).

- *Lernwegflankierung durch Co-Coaching:* Lerntandems unterstützten sich emotional, motivational und lernstrategisch. Die Tandemtreffen werden über Telefon, Skype, E-Mail, Zweier-Chat oder auch über persönliche Treffen gestaltet. Jedes Tandem bringt seine Arbeitsergebnisse in die jeweilige Lerngruppe sowie evtl. den Kurs ein. Zu den Ergebnissen gibt es wieder Rückmeldungen durch die Lernpartner oder die Lerngruppe. Lerngruppen entwickeln Lösungen bzw. Präsentationen für komplexe Herausforderungen aus der Führungspraxis. Außerdem tauschen sich die Mitglieder der Lerngruppen intensiv über ihre Projektfortschritte, aber auch ungelöste Probleme aus und unterstützen sich gegenseitig in ihren individuellen und organisationalen Lernprozessen.
- *Lernen im Netz mit Social Software:* Soziales Lernen setzt eine qualitativ höhere Vernetzung von Lern- und Kooperationspartnern voraus, über Kanäle, die nicht nur Sachwissen transferieren, sondern es auch ermöglichen, Urteile und emotional-motivationale Bewertungen zu kommunizieren. Hierfür wird eine *Soziale Lernplattform* benötigt, die kollaboratives Arbeiten und Lernen erlaubt.
- *Communities of Practice:* Die Lerner bauen ihr Netzwerk systematisch auf, indem sie eine Community of Practice bilden. Regelmäßig treffen sich die neuen und die schon bisher in dieser Gruppe tätigen Mitarbeiter selbstorganisiert in virtuellen Workshops. Ziel ist vor allem, das gemeinsame Wertesystem weiterzuentwickeln, das Lernen in Netzwerken zu ermöglichen und die Motivation für die selbstorganisierten Kompetenzentwicklungsprozesse zu fördern. Deshalb werden spannende Diskussionen oder Übungen eingefügt, die letztlich zu interessanten Vorsatzbildungen führen.
- *Soziale Lernplattform:* Die Lern- und Kommunikationsprozesse in dieser Lernkonzeption der dargestellten Fallstudie erfordern eine spezifische Lern-Infrastruktur, eine Soziale Lernplattform. Diese ermöglicht den Aufbau von E-Portfolios, unterstützt formelles wie informelles Lernen und synchrone wie asynchrone Kommunikation mit Web-1.0- und Web-2.0-Instrumenten.

4.2.3 Social Workplace Learning – Beispiel

Social Workplace Learning kann beispielhaft an der in Abb. 4.5 gezeigten Prozess-Struktur verdeutlicht werden.

Der Lernprozess startet unter der Moderation eines Lernbegleiters aus dem Kompetenzmanagement mit einem *Kickoff,* in dem insbesondere folgende Elemente integriert werden:

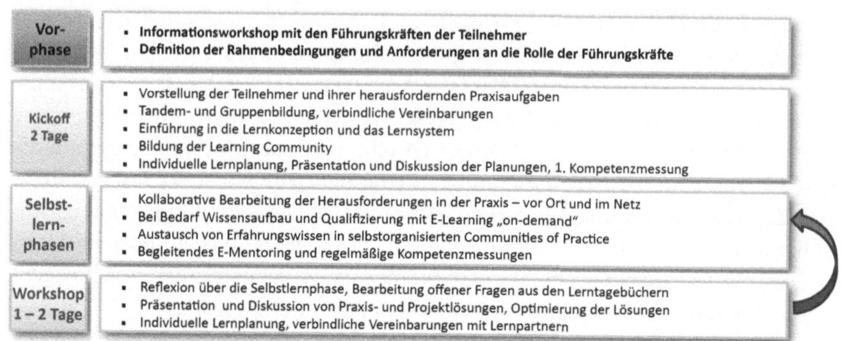

Abb. 4.5 Ablauf des Workplace Learnings für Führungs-Nachwuchskräfte

- Begrüßung durch eine obere Führungskraft
- Strukturierung des Kickoffs
- *Vorstellung der Teilnehmer: Berufserfahrung, aktuelle Aufgabe, evtl. Projektaufträge, Erwartungen, Befürchtungen*
- Einführung in die Lernkonzeption und Systeme der Kompetenzentwicklung mit Blended Learning und Social Software, die Soziale Lernplattform und das E-Portfolio sowie die Learning Analytic Tools
- *Reflexion über die eigene Rolle im Kompetenzentwicklungsprozess*
- System der Kompetenzmessung und individuelle Zieldefinition
- *Kompetenzmessung mit Auswertungen und Definition persönlicher Lernziele (evtl. mit anschließender Abstimmung mit dem jeweiligen Vorgesetzten)*
- *Bildung von Lerntandems und Lerngruppen*
- *Entwicklung von „Spielregeln" für die Tandem- und Gruppenarbeit sowie die Gestaltung der Projekttagebücher*
- *Verbindliche Vereinbarungen für die folgende Praxisphase: Meilensteine, Jour fixe, Gruppentermine, Workshops ...*

In den *selbstorganisierten Lernphasen* verknüpfen die Teilnehmer formelle und informelle Lernprozesse zu einem systematischen Kompetenzentwicklungsprozess. Diese werden in Anlehnung an die Struktur von cMOOC gestaltet, indem folgender Lernraum geschaffen wird (Tab. 4.1):[10]

Während des gesamten Prozesses können die Teilnehmer eigene Erfahrungen und Eindrücke in der „*Community of Practice*" zu einem gemeinsamen Wissenspool aufbauen. Das Ziel besteht insbesondere auch darin, sukzessive die Fähigkeit

---

[10] In Anlehnung an Höfer (2013, S. 65–69).

Tab. 4.1 Elemente des Lernraums

Phasen	Elemente
Einstimmung, z. B. neuer Mitarbeiter	Zentraler Blog des Kompetenzmanagements zur Initiierung und Begleitung der individuellen Lernprozesse der Mitarbeiter innerhalb des Ermöglichungsrahmens
	Erhebung von Erwartungen, Befürchtungen, Meinungen, Stimmungen und Ideen
	Erläuterung der Lernkonzeption und des Ermöglichungsrahmens (Video)
Start-Workshop für neue Mitarbeiter, z. B. alle drei Monate	*Kickoff, evtl. Webinar*, um sich gegenseitig kennenzulernen, die wesentlichen Herausforderungen in der Praxis oder in Projekten vorzustellen, über die aktuelle, persönliche Situation zu reflektieren, evtl. Redeschwellen durch Übungen abzubauen, offene Fragen zur Lernkonzeption zu klären, Lern-Tandems und -Gruppen zu bilden sowie verbindliche Vereinbarungen für die selbstorganisierte Lernphase zu treffen
	Event (meist in Verbindung mit dem Kickoff), um sich gegenseitig besser kennenzulernen und das „Wir"-Gefühl der Teilnehmer aufzubauen
Orientierung	*Lernorganisation:* Die neuen Mitarbeiter finden in ihrem *Ermöglichungsrahmen* alle Instrumente und Informationen, die sie zur Planung ihrer selbstorganisierten Lernprozesse benötigen. Über die *Soziale Lernplattform* werden alle wesentlichen Prozesse der Qualifizierung und Kompetenzentwicklung mit Blended Learning und Social Learning unterstützt. Insbesondere können die Lerner beispielsweise sich selbst in frei gewählten Gruppen organisieren, Lerncontent selbst erstellen („User-generated Content"), online Umfragen durchführen, einfache semantische Werkzeuge nutzen, komplexe Sachverhalte mit Mindmaps visualisieren, Problem- und Lösungswerkzeuge sowie eine Ideenbox für kreative Prozesse einsetzen. Weiter werden Termine, z. B. „Meilensteine", und die Vereinbarungen im Kurs dokumentiert. Über Visitenkarten können sich Lernpartner und Lerngruppen in diesem Bereich vorstellen. Auch werden Testdaten festgehalten
	Formelles Lernen: In diesem Funktionsbereich werden alle für die Lerner wichtigen Planungsunterlagen, z. B. Curricula, sowie die notwendigen Elemente für die formellen Lernprozesse gebündelt. Sie finden dort das gesamte formelle Wissen, das Experten für ihre Lernprozesse zusammengestellt haben. Dies können WBT, Videos, Podcasts, aber auch Printmedien sein, die der Lerner im Rahmen seines formellen Lernprozesses bearbeiten soll. Bei Führungsnachwuchskräften können E-Learning-Kurse zu dem erforderlichen formellen Führungswissen sowie vielfältige offene Aufgaben (Reflexionen, Transferaufgaben, Diskussionsthemen …) als „roter Faden" der Lernprozesse dienen

Tab. 4.1 (Fortsetzung)

Phasen	Elemente
	Blended Learning: Regelmäßige Workshops zur gemeinsamen Reflexion der Praxiserfahrungen, zum Austausch mit Lernpartnern, Lernbegleitern, Experten und oberen Mitarbeitern, bei Bedarf auch Trainings mit Fallstudien, Rollenspielen oder Planspielen, ermöglichen es den Mitarbeitern, ihre Erfahrungen zu verarbeiten und die notwendige Qualifikation zu sichern. Elemente mit Event-Charakter (z. B. Kaminabende mit oberen Mitarbeitern, Outdoor-Übungen …) fördern wiederum die Netzwerkbildung
	Informelles Lernen: Über eine Datenbank-basierte Lösung kann das Erfahrungswissen der Lerner dokumentiert und in einem gemeinsamen Kommunikationsprozess weiterverarbeitet werden. Mit Suchfunktionen können die Lerner Erfahrungswissen, aber auch Lernpartner oder Experten zur Lösung von Praxisproblemen finden. Ergebnisse aus informellen Lernprozessen, die in der Lerngruppe Akzeptanz gefunden haben, können wiederum zu Lernmaterialien aufbereitet werden. Auch die formellen Inhalte erhalten damit einen dynamischen Charakter
	Community of Practice: Die Mitarbeiter können wichtige Problemstellungen in das Netzwerk einbringen, Fragen formulieren, mögliche Lösungen zur Diskussion stellen, grundlegende Problemstellungen identifizieren und ihre Konsequenzen erörtern
	Social Bookmarking: Relevante Inhalte werden verschlagwortet
	Kompetenzorientiertes Wissensmanagement: System zur Dokumentation und zur Suche von Erfahrungswissen (Activity Stream, Dokumente, Blogs, Wikis, Communities) sowie zum Identifizieren von Experten (MySite), Recherchen
Struktur	*Community of Practice:* Problemstellungen strukturieren und gewichten, weitere Quellen identifizieren, Themenbereiche strukturieren und gewichten
	Blogs: Projekt- und Lerntagebücher zum Austausch von Erfahrungswissen
	Wikis: Erfahrungswissen zusammentragen und kollaborativ erweitern
	Workpads: Kollaboratives Arbeiten und Lernen im Netz
Lösung von Herausforderungen in der Praxis und in Projekten	*Lernen im Prozess der Arbeit*: Die Lerner lösen ihre Herausforderungen in der Praxis, halten ihre wesentlichen Beobachtungen in ihrem *Lerntagebuch* fest, reflektieren diese und besprechen sie mit ihrem Lernpartner (*Co-Coaching*) bzw. in der Lerngruppe (*Kollegiale Beratung*)
	Live-Modelle: Die Lerner werden durch ihre Lernpartner in der Praxis beobachtet und erhalten im Rahmen des Co-Coachings eine Rückmeldung. Gleichzeitig bekommen die Beobachter eine klare Vorstellung davon, welche Handlungsweisen sinnvoll sind

Tab. 4.1 (Fortsetzung)

Phasen	Elemente
	Kollaborativer Arbeits- und Lernraum: Kollaborative Problemlösungen und Lernprozesse ermöglichen, z. B. durch Workpads
	Community of Practice: Austausch und Weiterentwicklung von Erfahrungswissen
	Blogs: Erfahrungswissen aus Projekt- und Lerntagebüchern gemeinsam bewerten und weiterentwickeln
	Wikis: Erfahrungswissen kollaborativ bewerten und weiterentwickeln
	Co-Authoring: Entwicklung von Lernlösungen, z. B. mit Rapid E-Learning, Podcasts, Webcasts, Artikeln u. a.
Dokumentation und Teilung von Erfahrungswissen	*E-Portfolio:* Diese persönliche, digitale Sammlung von Dokumenten und persönlichen Arbeiten eines Lerners dokumentiert und veranschaulicht die Lernergebnisse (Produkt) und den Lernweg (Prozess) seiner Kompetenzentwicklung in einer bestimmten Zeitspanne und für bestimmte Zwecke
	Community of Practice: Zusammenfassung und Diskussion von Problemstellungen, Lösungsansätzen, Überlegungen, Erfahrungswissen und Recherchen
	Blogs: Persönliches Erfahrungswissen weitergeben
	Wikis: Erfahrungswissen von Gruppen weitergeben
	Social Bookmarking: Erarbeitete Inhalte verschlagworten

zum kompetenzorientierten Wissensmanagement zu entwickeln, so dass die Teilnehmer ihren Wissensaustausch auch nach Abschluss der Entwicklungsmaßnahme selbstorganisiert weiterführen können.

Die Kommunikation der Lerner untereinander, aber auch in ihrem Netzwerk sowie die Dokumentation der Lernergebnisse aus formellen und informellen Lernprozessen bilden die zentrale „Klammer" dieser Lernkonzeption. Das Weblog („Projekttagebuch") wird bei vielen Lernern zum Ersatz für den „Zettelkasten", der hilft, Informationen rasch wiederzufinden. Wikis werden in diesem Lernsystem insbesondere für virtuelle Gruppenarbeiten und für die Archivierung und Hierarchisierung von Erfahrungswissen eingesetzt. Auch Tandems nutzen dieses Instrument, um die gemeinsamen Ergebnisse in einem kommunikativen Prozess zu entwickeln.

Alle offenen, unternehmensspezifischen Fragen, die sich aus den Transferaufgaben und in der Projektarbeit ergeben, werden in einem Themenspeicher gesammelt und in den Workshops mit Experten aus dem Hause diskutiert. Diese Fragen erweisen sich in unseren Projekten als sehr anspruchsvoll und führen zu spannenden Diskussionen. Der Erfolg wird anhand der Projektergebnisse bewertet.

Die Teilnehmer präsentieren und diskutieren ihre Projektergebnisse im Abschlussworkshop mit oberen Führungskräften und entwickeln eine Ausarbeitung dazu.

Die Teilnehmer vereinbaren, sich regelmäßig in problembezogenen *Communities of Practice* selbstorganisiert auszutauschen. Die Verantwortung für die Gestaltung dieses Lernraums übernimmt jedes Gruppenmitglied in Absprache abwechselnd für eine bestimmte Zeit.

Mit diesem innovativen Ansatz der Mitarbeiterentwicklung wird eine Konzeption umgesetzt, die von den Teilnehmern ein hohes Engagement und eine starke Teamorientierung verlangen. Der Paradigmenwechsel, der sich insbesondere in den grundlegend veränderten Rollen der Beteiligten zeigt, erfordert ein zielgerichtetes Veränderungsmanagement.

Die Kompetenzmessungen in unseren Projekten zeigen, dass Entwicklungsmöglichkeiten mit hoher Intensität genutzt werden. Damit wird die Zielgruppe optimal auf ihre Herausforderungen als Führungskraft entwickelt. Mit der Verknüpfung von Blended Learning, Social Learning und kompetenzorientiertem Wissensmanagement wird zudem ein integrierter Ansatz zur Kompetenzentwicklung gestaltet, der insbesondere für global agierende Unternehmen zunehmend an Bedeutung gewinnt.

Die Erfahrungen in solchen Projekten zeigen, das Social-Software-Instrumente die Entwicklung der Kompetenzen der Lerner sinnvoll unterstützen können, sofern sie in ein Blended-Learning-Konzept eingebettet sind, das sich am Ziel der Kompetenzentwicklung orientiert. Wikis oder Weblogs werden umso effizienter genutzt, je mehr Lerner mit dem Tool arbeiten und je stärker sie sich aktiv einbringen. Entscheidend für den Erfolg ist ein zielgruppengerechtes Lernarrangement, das auf der aktuellen Lernkultur aufbaut.

Social Software fördert aber nicht nur Kompetenzen, sie fordert sie auch. Um mit diesen Tools umgehen zu können, benötigen Lernbegleiter und Nutzer sowohl Medien- als auch Selbstlernkompetenz. Deshalb kommt dem Implementierungsprozess für das Kompetenzentwicklungssystem mit Social Software eine zentrale Bedeutung zu.

Handlungsempfehlungen 5

Der Weg zu diesen innovativen Lernkonzeptionen erfordert Zeit und Durchsetzungsvermögen. Abschließend fassen wir unsere Handlungsempfehlungen für die heutigen Personalentwickler zusammen, die diesen Weg gehen wollen:

1. *Leiten Sie Ihren Bildungsauftrag konsequent aus der Unternehmensstrategie ab.* Die betriebliche Bildung wird auf Dauer nur dann ernst genommen werden, wenn sie aktiv und nachprüfbar zur Performance der Unternehmung beiträgt. Dies wird ihr nur gelingen, wenn sie sich an den strategischen Zielen der Unternehmung orientiert und mit dazu beiträgt, dass dieses im Kompetenzwettbewerb erfolgreich bleibt.[1]
2. *Entwickeln Sie sukzessive Ihre Rolle als gleichberechtigter Partner in den Strategieentwicklungsprozessen.* Diese Rolle als strategischer Partner der Geschäftsleitung müssen sich die heutigen Personalentwickler im Regelfall erst noch erkämpfen. Voraussetzung dafür ist ein Kompetenzprofil der Kompetenzmanager, das diese Akzeptanz im Kreis der oberen Führungskräfte ermöglicht, so dass sich ein Netzwerk von Verbündeten auf oberer Managementebene bildet.
3. *Erarbeiten Sie in einem gemeinsamen Entwicklungsprozess mit Fach- und Führungskräften bedarfsgerechte Kompetenzmodelle, Kompetenzprofile und Kompetenzmesssysteme.*
4. *Entwickeln Sie die Rollen in den Lernprozessen, insbesondere auch Ihre eigene, und die Lernkultur in einem permanenten, gemeinsamen Veränderungsprozess, den Sie maßgeblich gestalten und steuern.*

---

[1] North et al. (2. Aufl., 2013, S. 262).

© Springer Fachmedien Wiesbaden 2016
J. Erpenbeck et al., *Social Workplace Learning*, essentials,
DOI 10.1007/978-3-658-10499-3_5

Bauen Sie die notwendigen Kompetenzen bei Bildungsexperten und Führungskräften im „Doppeldecker-Prinzip" auf und initiieren Sie damit die Entwicklung und Umsetzung kompetenzorientierter Lernkonzepte.

5. *Entwickeln Sie mit Ihrem Team einen Lernrahmen, der selbstorganisiertes, kollaboratives Lernen aller Mitarbeiter im Prozess der Arbeit möglich macht.*

6. *Verknüpfen Sie Lern- und Arbeitsprozesse, aber auch Strukturen und Systeme in diesen Bereichen konsequent miteinander.*

   Entwickeln Sie in enger Abstimmung mit den Verantwortlichen der Unternehmens-IT integrierte Lösungen, mit denen Arbeiten und Lernen zusammengeführt werden können. Fügen Sie diese Lösungen in den Ermöglichungsrahmen mit ein.

7. *Ermöglichen Sie Ihren Mitarbeitern, ihre Kompetenzziele auf Basis der Kompetenzprofile und -messungen selbstorganisiert in Abstimmung mit ihren Führungskräften zu definieren.*

   Initiieren Sie die Integration der Kompetenzziele in die Führungskonzeption und die Konzeption der Mitarbeitergespräche.

8. *Ermöglichen Sie Ihren Mitarbeitern, ihre Lernprozesse im Prozess der Arbeit selbst zu planen und umzusetzen.*

   Moderieren Sie gemeinsam mit den jeweiligen Führungskräften Teamtrainings, in denen die Mitarbeiter in die individuelle Nutzung des Ermöglichungsrahmens eingeführt werden. Begleiten Sie die Führungskräfte als Coach in ihrer Aufgabe als Entwicklungspartner der Mitarbeiter. Stellen Sie sicher, dass alle Lerner umgehend Unterstützung erhalten, wenn sie mit dem neuen Lernrahmen noch nicht klarkommen (Hotline).

9. *Bieten Sie E-Learning und Blended-Learning-Lösungen, Podcasts oder Lernvideos zum Aufbau des formellen Wissens sowie Wissensmanagement-Tools zur Entwicklung von Erfahrungswissen an.*

10. *Fördern Sie das kollaborative Arbeiten und Lernen im und mit dem Netz(-werk).*
    Bringen Sie Ihr Team und sich selbst aktiv in diese Netzwerke mit ein. Greifen Sie die Anregungen und die Kritik in einem dynamischen Prozess aktiv auf und optimieren Sie das Lernsystem laufend.

Der Bildungsbereich und das Unternehmen entwickeln sich damit zu einer Lernenden Organisation.

Literatur

Arnold R (2000) Qualifikation. In: Arnold R, Nolda S, Nuissl E (Hrsg) Wörterbuch Erwachsenenpädagogik. Utb, Stuttgart

Arnold R (2013) Ermöglichen. Texte zur Kompetenzreifung. Schneider Verlag Hohengehren

Arnold R, Schüßler I (2010) Ermöglichungsdidaktik: Erwachsenenpädagogische Grundlagen und Erfahrungen, 2. Aufl. Schneider Verlag Hohengehren

Erpenbeck J, Sauter W (2007) Kompetenzentwicklung im Netz – New Blended Learning mit Web 2.0. Luchterhand, Köln

Erpenbeck J, Sauter W (2013) So werden wir lernen! Kompetenzentwicklung in einer Welt fühlender Computer, kluger Wolken und sinnsuchender Netze. Springer, Berlin

Graf N, Edelkraut F (2013) Mentoring: Das Praxisbuch für Personalverantwortliche und Unternehmer. Springer, Berlin

Hausdorf M, Polzer E (2004) Die Führungskraft als Coach, Köthen – Trainingskonzept Führungskräfte. manager Seminare Verlag, Bonn

Höfer ML (2013) Im Trend: MOOCx als neues Lernkonzept – Collaboration & Wissensmanagement, Sharepoint 2013, Change Management, Innovation Management. DOK März/April 2013, S 65–69

Karlhuber S, Wageneder G (2013) Einsatz kollaborativer Werkzeuge. Lernen und Lehren mit webbasierten Anwendungen. In: Schön S, Ebner M (Hrsg) Lehrbuch für Lernen und Lernen mit Technologien, Graz, 2. Aufl. http://l3t.tugraz.at/index.php/LehrbuchEbner10/issue/current/showToc. Zugegriffen: 12. Feb. 2015

Nemko M (2012) Co-Coaching: „I'll Coach You and You'll Coach Me". http://www.martynemko.com/articles/co-coaching-quotill-coach-you-if-youll-coach-mequot_id1510. Zugegriffen: 13. Feb. 2015

North K, Reinhardt K, Sieber-Suter B (2013) Kompetenzmanagement in der Praxis. Mitarbeiterkompetenzen systematisch identifizieren, nutzen und entwickeln, 2. Aufl. Gabler, Wiesbaden

Roth S, Sauter W (2013) WBT Führungskompetenz. Blended Solutions, Berlin

Sauter S, Sauter W (2014) Workplace Learning. Integrierte Kompetenzentwicklung mit kooperativen und kollaborativen Lernsystemen. Springer, Heidelberg

Schüßler I (2007) Von der Erzeugungs- zur Ermöglichungsdidaktik. http://www.rpi-virtuell.net/workspace/3719FF1D-F109-402F-96DA-702285484082/dats/2007/schuessler.pdf. Zugegriffen: 17. Juni 2013

© Springer Fachmedien Wiesbaden 2016

J. Erpenbeck et al., *Social Workplace Learning,* essentials,

DOI 10.1007/978-3-658-10499-3

Siebert H (2011b) Theorien für die Praxis, 3. Aufl. Bertelsmann, Bielefeld
Tietze KO (2012) Kollegiale Beratung. Problemlösungen gemeinsam entwickeln. In: Schulz
    von Thun F (Hrsg) Miteinander reden, Praxis, 5. Aufl. Rowohlt, Reinbeck
Wahl D (2006) Ergebnisse der Lehr-Lern-Psychologie. http://www.dblernen.de/docs/Wahl_
    Ergebnisse-der-Lehr-Lern-Psychologie.pdf. Zugegriffen: 25. Sept. 2013
Wahl D (2013) Lernumgebungen erfolgreich gestalten – Vom trägen Wissen zum kompeten-
    ten Handeln, 3. Aufl. Klinkhardt, Bad Heilbrunn
Wenger E (1998) Communities of practice: learning, meaning, and identity. University Press
    Cambridge, Cambridge